Einstieg in WordPress 4.2

Vladimir Simović
Thordis Bonfranchi-Simović

Einstieg in WordPress 4.2

Bibliografische Information der Deutschen Nationalbibliothek

Die Deutsche Nationalbibliothek verzeichnet diese Publikation in der Deutschen Nationalbibliografie; detaillierte bibliografische Daten sind im Internet über http://dnb.dnb.de abrufbar.

ISBN 978-1-5122-7382-3
1. Auflage 2015

Vladimir Simović
Thordis Bonfranchi-Simović

Alte Dorfstr. 8
32676 Lügde

www.perun.net
kontakt@perun.net

Dieses Werk ist urheberrechtlich geschützt (Copyright). Jede Verwertung außerhalb des Urheberrechtsgesetzes ist ohne Zustimmung der Autoren (Vladimir Simović, Thordis Bonfranchi-Simović) unzulässig. Das gilt vor allem für Übersetzungen, Vervielfältigungen und Verarbeitung in elektronischen Systemen.

Inhaltsverzeichnis

Vorwort... 9

**WordPress-Handbuch
für Administratoren & Webmaster**....................................... 11

1. WordPress installieren.. 13
   1.1 Voraussetzungen.. 13
   1.2 Die 5-Minuten-Installation.. 14
      1.2.1 Herunter laden... 14
      1.2.2 Konfigurationsdatei bearbeiten............................... 14
      1.2.3 Installation.. 16
      1.2.4 Mögliche Fehler bei der Installation....................... 22
   1.3 Konfiguration.. 23
      1.3.1 Allgemeine Einstellungen... 27
      1.3.2 Schreibeinstellungen... 29
      1.3.3 Leseeinstellungen.. 32
      1.3.4 Diskussionseinstellungen... 33
      1.3.5 Einstellungen der Mediathek................................... 36
      1.3.6 Permalinkeinstellungen.. 37
      1.3.7 Sonstiges... 40
   1.4 All-in-one, die options.php.. 41

2. Das Weblog anpassen... 43
   2.1 Plugins.. 43
      2.1.1 Plugins installieren.. 44
      2.1.2 Plugins updaten... 48
      2.1.3 Massenupdate von Plugins...................................... 50
   2.2 Permalinks und deutsche Sonderzeichen...................... 51
   2.3 Spam bekämpfen... 52
      2.3.1 Antispam Bee... 52
   2.4 Das Standard-Theme anpassen....................................... 53
      2.4.1 Ein eigenes Menü erstellen...................................... 54
      2.4.2 Widgets einsetzen... 56
      2.4.3 Anpassungen im Frontend mit Live-Vorschau...... 58
      2.4.4 Editor... 61
   2.5 Ein neues Theme installieren... 62

2.5.1 automatisch installieren..62
2.5.2 halbautomatisch oder manuell installieren..............65
2.6 Benutzerverwaltung (Rechtemanagement)......................66

3. Tipps & Tricks...71
   3.1 Ein Backup erstellen..71
   3.2 Mit WordPress umziehen...74
      3.2.1 Umzug mit gleicher Domain...........................75
      3.2.2 Umzug auf eine andere Domain....................76
   3.3 WordPress updaten..77
      3.3.1 automatisch updaten.......................................78
      3.3.2 manuell updaten...78
      3.3.3 selbständiges Update.......................................80
   3.4 WordPress sicherer machen.....................................81
      3.4.1 Datenbankpräfix ändern..................................81
      3.4.2 Nutzername und Passwort absichern..........82
      3.4.3 Automatische User-Registrierung.................82
      3.4.4 Login-Versuche beschränken.........................82
   3.5 Die Performance optimieren....................................83
      3.5.1 Bilder und Videos im Inhalt............................84
      3.5.2 Template-Dateien ausmisten..........................85
      3.5.3 Umgang mit Plugins und Diensten...............87
      3.5.4 Komprimieren und besser Cachen................88
      3.5.5 Helfende Plugins...89
      3.5.6 Fazit zum Thema Performance......................89

4. Nützliche Plugins...91
   4.1 Plugins und Sicherheit..91
   4.2 User Role Editor..92
   4.3 Limit Login Attempts...93
   4.4 BackWPup Free..93
   4.5 AddQuicktag...95
   4.6 Antispam Bee..96
   4.7 Contact Form 7..97
   4.8 Der Alleskönner: Jetpack..99

**WordPress-Anleitung
für Autoren & Redakteure**..**101**

1. Benutzergruppen in WordPress – die Schnellübersicht......103

2. Einen Beitrag erstellen und veröffentlichen.....................105
   2.1 Arbeiten mit dem Text-Editor...107
      2.1.1 Text formatieren..108
   2.2 Arbeiten mit dem Visuellen Editor.......................................109
      2.2.1 Text formatieren..109
   2.3 Links einfügen..113
      2.3.1 Interne Verlinkung...114
      2.3.2 Links bearbeiten...117
   2.4 Dateien hinzufügen..117
      2.4.1 Bild hinzufügen...117
      2.4.2 Bilder bearbeiten..128
      2.4.3 Bilder, Videos, Tweets und Audio einfügen............131
      2.4.4 Galerien erstellen...132
      2.4.5 Playlists erstellen..135
   2.5 Ablenkungsfrei schreiben...136
   2.6 Metainformationen und Einstellungen (Module).........137
      2.6.1 Veröffentlichen..137
      2.6.2 Weitere Module (Kategorien, Schlagwörter).........146
   2.7 Mit "Press This" einen Beitrag verfassen............................156
      2.7.1 Vorbereitung...157
      2.7.2 Das Bookmarklet starten..158
      2.7.3 "Press This" nutzen..159
   2.8 Schneller Entwurf..162

3. Einen Beitrag bearbeiten..165
   3.1 QuickEdit..165
   3.2 Beiträge moderieren..168
   3.3 Kommentare verwalten bzw. moderieren........................169

4. Seiten erstellen und bearbeiten..173
   4.1 Unterscheide zwischen Beiträgen und Seiten.................173
   4.3 Seiten sortieren...177
   4.4 Einer Seite ein Template zuweisen......................................179

4.5 Quickedit für Seiten..180

5. WordPress anpassen..181
   5.1 Backend anpassen..181
   5.2 Profil anpassen..184
      Persönliche Optionen..184
      Name..185
      Kontaktinfo...186
      Über Dich..187

Das Ende..189

Stichwortverzeichnis..191

Vorwort

Dieses Buch besteht aus zwei selbständigen Teilen. Der erste Teil basiert auf dem E-Book *WordPress für Adminstratoren und Webmaster*[1] und bietet einen schnellen und unkomplizierten Einstieg in die administrativ-technischen Betreuung einer WordPress-Installation.

Der erste Teil führt durch den Installationsprozess von WordPress, erklärt die wichtigsten Schritte zu ersten Anpassungen und behandelt ausführlich Tipps & Tricks, die Ihnen bei der Administrierung von WordPress helfen, zum Beispiel das Erstellen von Backups, das Updaten der Installation, Sicherheitsaspekte, die Performance-Optimierung.

Der zweite Teil des Buchs basiert auf dem E-Book *WordPress für Autoren & Redakteure*[1] und bietet einen schnellen und unkomplizierten Einstieg in die redaktionelle Betreuung einer WordPress-Installation.

In diesem Teil wird erklärt, wie man Beiträge verfasst, welche Einstellungen es gibt, wie man verschiedene Inhalte (Texte, Bilder etc.) einfügt, Beiträge verwaltet und Kommentare moderiert.

Wenn Sie mehr über WordPress erfahren möchten, dann können Sie den Newsfeed von unserer Website *www.perun.net* abonnieren. Bevorzugen Sie E-Mail, dann empfehlen wir Ihnen unseren kostenlosen, wöchentlichen WordPress-Newsletter[2].

Vladimir Simović, Mai 2015

---

[1] perun.net/wordpress-anleitung-handbuch/
[2] wordpress-newsletter.perun.net

WordPress-Handbuch für Administratoren & Webmaster

1. WordPress installieren

1.1 Voraussetzungen

Bevor man mit der Installation von WordPress beginnt, sollte man sich vergewissern, ob der Server bzw. Webspace, auf dem man die Installation durchführen möchte, auch alle Voraussetzungen[3] erfüllt.

Zur Zeit sind das für WordPress 4.2 die folgenden:

- Webspace, am besten mit Apache als Webserver
- PHP ab der Version 5.2.4 (empfohlen wird 5.4)
- MySQL-Datenbank ab der Version 5.0 (empfohlen wird 5.5)

Außerdem sollten Sie sich über folgende Punkte Klarheit verschaffen:

- Ist die Datenbank installiert und kennen Sie die Zugangsdaten?
- Haben Sie einen FTP-Zugang und kennen Sie dessen Zugangsdaten?
- Haben Sie ein FTP-Programm, einen Texteditor und ein Entpack-Programm zur Verfügung?
- Optional: Haben Sie Zugriff auf die *.htaccess*-Datei?
- Optional: Wird Apache als Webserver eingesetzt und ist sein Modul *mod_rewrite* aktiv? Dies benötigen Sie damit Sie "sprechende URLs" erstellen können.

Kann man alle Punkte mit "Ja" beantworten steht der Installation von WordPress nichts mehr im Wege.

---

3   https://wordpress.org/about/requirements/

1.2 Die 5-Minuten-Installation

1.2.1 Herunter laden

Die aktuelle Version von WordPress kann man von mehreren Stellen beziehen: u. a. gibt es die deutsche Version auf der offiziellen Seite[4].

Nachdem Sie das gezippte Paket heruntergeladen haben, müssen Sie es zunächst entpacken.

> **Achtung:** Sollte Ihr Provider das automatisierte Erstellen von Dateien nicht zulassen, müssen Sie noch vor dem Hochladen der Dateien die Konfigurationsdatei bearbeiten. Wenn Ihr Provider es zulässt, dass auf Ihrem Server automatisch Dateien erstellt werden, werden Sie komfortabel im Browser durch den Installationsvorgang geführt. Sie können nach dem Hochladen direkt mit der Installation beginnen.

1.2.2 Konfigurationsdatei bearbeiten

Öffnen Sie die Konfigurationsdatei *wp-config-sample.php* in einem Texteditor. Bitte nehmen Sie einen Texteditor (Notepad, PSPad etc.) und **kein** Textverarbeitungsprogramm (Word, OpenOffice etc.).

Nach einem erläuternden Text folgen die Zeilen, in denen Sie einige Angaben tätigen müssen. Der zu bearbeitende Teil der Datei beginnt mit dem Code /** MySQL Einstellungen - diese Angaben bekommst du von deinem Webhoster. */

---

[4] de.wordpress.org/

1. WordPress installieren

Geben Sie den Namen Ihrer Datenbank an, den Nutzernamen und Ihr Passwort. Die Angaben dazu können Sie der Administrationsoberfläche Ihres Web-Accounts oder der E-Mail, die Sie bei der Registrierung vom Provider bekommen haben, entnehmen.

Den Datenbankzeichensatz sollte man beim Standardwert utf8 belassen, außer man kennt sich mit dem Aufbau der Datenbank gut aus und hat vor, einen anderen Zeichensatz für die Datenbank zu vergeben.

Ein Stückchen tiefer findet man acht *Sicherheitsschlüssel*. Mit den dazugehörigen Werten verschlüsseln Sie die Login-Daten. Hierbei spricht man auch von "gesalzenen" Passwörtern.

Um die Werte einzufügen kann man die Website[5] besuchen, die auch im erläuternden Text erwähnt wird.

Beim Aufruf der Adresse werden automatisch 8 einzigartige Schlüssel generiert. Das Textpaket kann man nun komplett per Copy & Paste in die Konfigurationsdatei kopieren bzw. einfügen.

Als Präfix für die Datenbanktabellen ist der Wert wp_ vorgegeben. Aus sicherheitstechnischen Gründen sollte man dies nicht so belassen. Jeder andere Wert, der vom Standard abweicht, z. B. mein_blog_ gibt Ihrer Installation zusätzliche Sicherheit gegen Hackerangriffe. Zudem können Sie so mehrere WordPress-Installationen in einer Datenbank speichern.

Nach der Bearbeitung speichern Sie die Datei unter dem Namen *wp-config.php* ab. Im Artikel WordPress: **Zusatzangaben in der wp-config.php**[6] finden Sie weitere Hinweise auf Angaben, die Sie machen können, um Ihre

---

5 https://api.wordpress.org/secret-key/1.1/salt/
6 www.perun.net/?p=1880

WordPress-Installation Ihren Bedürfnissen anzupassen, wie z. B. die Deaktivierung der Revisionsspeicherung oder das Verhalten des Papierkorbs.

Laden Sie nun alle WordPress-Dateien (inkl. der neuen *wp-config.php*) mit Hilfe eines FTP-Programmes (ich nutze dafür gerne FileZilla [7].) auf Ihren Serverplatz hoch und rufen Sie die Installations-Datei auf. Weiter geht es dann durch die Begrüßung von WordPress.

1.2.3 Installation

Nun geht es darum, das WordPress-Paket auf den Server hochzuladen. Dafür können Sie ein FTP-Programm Ihrer Wahl benutzen, ich nutze dafür gerne FileZilla.

Nach dem Hochladen auf den Server müssen Sie die Installationsdatei *install.php* aufrufen, die sich im Ordner *wp-admin* befindet. Die Adresse, die Sie im Browser aufrufen müssen lautet also:

`www.meine-blog-adresse.de/wp-admin/install.php`

Zunächst müssen Sie die Sprache auswählen, in der WordPress installiert werden soll.

---

[7] https://filezilla-project.org

1. WordPress installieren

Abbildung: Sprachauswahl für Ihre WordPress-Installation

Als nächstes müssen die Angaben für die Konfigurationsdatei *wp-config.php* angegeben werden.

```
Hier sollten die Zugangsdaten zu Deiner Datenbank eingetragen werden. Im Zweifel frage bitte deinen
Webhost.

Datenbank Name                              Der Name der Datenbank in der du WP
                                            laufen lassen möchtest.

Benutzername                                Dein MySQL Benutzername

Passwort                                    ... und dein MySQL-Passwort.

Datenbank Host    localhost                 Du solltest diesen Wert bei Deinem
                                            Web-Hoster erfragen können, falls
                                            localhost nicht funktioniert.

Tabellen-Präfix   wp_                       Falls du für mehrere WordPress-
                                            Installationen die gleiche Datenbank
                                            nutzen möchtest, ändere diesen Wert.

Senden
```

Abbildung: Angaben für die Konfigurationsdatei

Im Folgenden füllt man das Formular nun mit den Angaben, die man von seinem Hoster bekommen hat. Meist kann man diese der Administrationsoberfläche des Web-Accounts oder der E-Mail, die man bei der Registrierung vom Provider bekommen hat, entnehmen.

Konkret muss man den Datenbanknamen, danach den Benutzernamen und das Passwort angeben. Den Wert localhost können Sie in den meisten Fällen unverändert lassen.

Als Datenbank-Präfix ist der Wert wp_ vorgegeben. Hierbei handelt es sich um das Präfix für die einzelnen Datenbanktabellen.

Aus sicherheitstechnischen Gründen sollte man dies nicht so belassen. Jeder andere Wert, der vom Standard abweicht, z. B.

1. WordPress installieren

`mein_blog_` gibt Ihrer Installation zusätzliche Sicherheit gegen Hackerangriffe.

Auch wenn Sie mehrere WordPress-Installationen in der gleichen Datenbank unterbringen wollen müssen Sie individuelle Präfixe vergeben, beispielsweise `mein_blog2_`. In der Datenbank hätten Sie dann eine Tabelle mit `mein_blog_posts` und `mein_blog2_posts`. Ändern Sie bei einer Mehrfachinstallation das Präfix nicht, erhalten Sie eine Fehlermeldung.

Schon nach kurzer Zeit erscheint die Begrüßungsmeldung von WordPress.

Sollten Sie eine Fehlermeldung erhalten und keine Begrüßung, möchte ich Sie auf das Ende dieses Kapitels verweisen.

Abbildung: WordPress-Begrüßung

In diesem Formular können bzw. müssen Sie nun einige Angaben machen:

- Seitentitel
- Benutzername
- eigenes Passwort

1. WordPress installieren

- E-Mail-Adresse des Administrators

Der **Seitentitel** bzw. der Blogtitel, den Sie hier angeben, wird, je nachdem welches Theme Sie nutzen, im Header, also im Kopfbereich, auftauchen und als Teil der Kopf- bzw. Titelleiste des Browsers angezeigt werden. Sie können den Namen jeder Zeit in den Einstellungen (Menüpunkt: *Einstellungen / Allgemein*) ändern.

Bei der Wahl eines **Benutzernamen** sollten Sie auf keinen Fall die gängige Standardbezeichnung `admin`, `Administrator` o. ä. verwenden. Wenn Sie einen individuelleren Namen nutzen senken Sie das Risiko durch potentielle Angreifer, die mit Hilfe von Skripten versuchen auf vielen, verschiedenen Wegen in Ihr Weblog einzudringen. Der Standard-Nutzername könnte mit einem gekippten Fenster oder einer nicht richtig verschlossenen Tür bei einer Wohnung verglichen werden.

Auch bei der Wahl Ihres **Passwortes** sollten Sie auf Sicherheit achten. Das Passwort sollte mindestens acht Zeichen haben und es sollte auf jeden Fall zumindest aus Groß- und Kleinbuchstaben zusammengesetzt sein. Noch besser ist es, wenn Zahlen und Sonderzeichen – zum Beispiel *!* oder *?* – im Passwort vorhanden sind.

Die **E-Mail-Adresse** sollte Ihre sein und gültig, da hierhin z. B. ein neues Passwort geschickt wird, wenn man seines verloren hat. Die Adresse können Sie nachträglich in den Einstellungen (Menüpunkt: *Einstellungen / Allgemein*) ändern.

Unterhalb der Eingabefelder befindet sich eine Checkbox mit folgendem Text:

> *Suchmaschinen dürfen diese Webseite indexieren.*

Diese Option ist standardmäßig aktiviert. Sie sollten sie

deaktivieren, wenn Sie erst mal in Ruhe am Weblog arbeiten wollen, ohne dass diverse Dienste und das "Bloggersdorf" wissen, dass ein neues Weblog das Licht der Welt erblickt hat. Zu einem späteren Zeitpunkt können Sie diese Funktion in den Einstellungen (Menüpunkt: *Einstellungen / Privatsphäre*) wieder aktivieren.

Die Erfolgsmeldung nach so wenigen Einstellungen wird Sie hoffentlich freuen:

Abbildung: Die WordPress-Installation war erfolgreich!

Sie haben WordPress nun erfolgreich installiert.

1.2.4 Mögliche Fehler bei der Installation

Selbstverständlich kann es auch zu Fehlermeldungen während der Installation kommen. Diese haben in den allermeisten Fällen ihre Ursache in fehlerhaften Angaben in der Konfigurationsdatei.

1. WordPress installieren

Überprüfen Sie also noch einmal folgende Einstellungen:

- Kennen Sie den richtigen Datenbanknamen und haben Sie diesen richtig in der Konfigurationsdatei notiert?
- Kennen Sie den richtigen Nutzernamen für die Datenbank und haben Sie diesen in der Konfigurationsdatei auch richtig notiert?
- Kennen Sie das richtige Passwort für die Datenbank und haben Sie es in der Konfigurationsdatei richtig notiert?
- Haben Sie die Konfigurationsdatei mit ihrem "neuen Namen" (*wp-config.php*) hochgeladen? Und wenn ja, an die richtige Stelle?

Ein anderer häufiger Fehler besteht darin, dass das gewählte Datenbankpräfix schon vorhanden ist – durch eine vorherige Installation. Auch hier bekommen Sie eine entsprechende Fehlermeldung.

Korrigieren Sie die fehlerhafte Eingabe in der *wp-config.php* und laden Sie diese erneut hoch und starten Sie den Installationsvorgang noch einmal.

1.3 Konfiguration

In diesem Abschnitt soll es nun darum gehen WordPress an Ihre Bedürfnisse anzupassen.

Nach dem ersten Einloggen in WordPress erwartet Sie eine Willkommensbox, die wichtige Links auflistet um neuen Nutzern den Start zu erleichtern:

Abbildung: Die ersten Schritte

Von hier aus kann man das Layout (Theme) anpassen, den ersten Beitrag verfassen, eine neue Seite erstellen, Widgets und Kommentare verwalten und einiges mehr.

Ohne Sie jetzt erschrecken zu wollen es gibt noch mehr Bereiche, in denen der Administrator Einstellungen vornehmen sollte. Auf alle relevanten werden wir in diesem Abschnitt zu sprechen kommen.

Doch bevor wir damit anfangen, wollte ich Ihnen noch zeigen, wie die Website (auch Frontend genannt) aussieht. So kann man sich ein besseres Bild davon machen was man eigentlich genau mit den unterschiedlichen Einstellungen bewirkt.

Um zur Website zu gelangen klicken Sie einfach auf den verlinkten Blogtitel, der sich links oben in der sog. Administrationsleiste befindet.

1. WordPress installieren

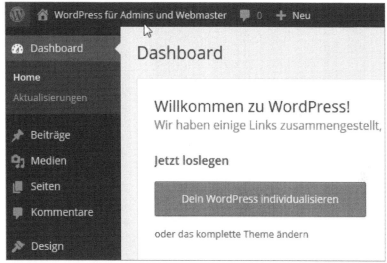

Abbildung: Link zum Frontend

Im Frontend angelangt präsentiert sich WordPress folgendermaßen:

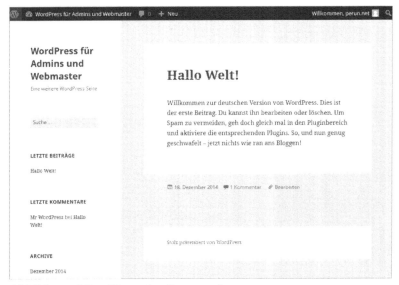

Abbildung: WordPress im Frontend

Die Abbildung zeige ich Ihnen nicht nur, damit Sie sich ansehen können, wie die Website aussieht, sondern um Ihnen schon zwei Punkte aufzuzeigen, die wir in den nächsten Schritten anpassen wollen.

Im Header, also im Kopfbereich, sehen Sie den von Ihnen gewählten Blogtitel, in diesem Fall *WordPress für Admins und Webmaster* und darunter *Eine weitere WordPress-Seite*, der Blog-Slogan.

Im Inhaltsbereich finden Sie den ersten Beitrag.

In der Statuszeile Ihres Browsers können Sie außerdem die URL des Beitrags sehen, wenn Sie mit der Maus über die Überschrift des Beitrags fahren: www.ihre-website.de/?p=1. Diese Adresse sagt nicht viel aus, deshalb werden wir sie in einem der nächsten Schritte ändern, damit sie sowohl für

Besucher als auch für Suchmaschinen leserlicher wird.

In das Administrationsmenü gelangen Sie zurück, wenn Sie das Drop-Down-Menü öffnen, das sich hinter dem Blogtitel in der Administrationsleiste befindet.

Abbildung: Wechsel in den Administrationsbereich

Hinweis: Die Administrationsleiste im Frontend wird nur angezeigt, wenn Sie eingeloggt sind. Falls Sie die Website im ausgeloggten Zustand besuchen und es keinen Direktlink zum Einloggen auf der Seite selber befinden rufen Sie einfach die Webadresse www.meine-website.de/wp-login.php oder www.meine-website.de/wp-admin/ auf um zum Login-Bereich zu gelangen.

1.3.1 Allgemeine Einstellungen

Wechseln Sie zunächst einfach zum Dashboard und von da zum

zum Menüpunkt *Einstellungen / Allgemein*.

Einstellungen › Allgemein

Seitentitel	WordPress für Admins und Webmaster
Untertitel	Eine weitere WordPress-Seite
	Erkläre in ein paar Wörtern, worum es auf deiner Se
WordPress-Adresse (URL)	http://www.ihre-website.de
Seiten-Adresse (URL)	http://www.ihre-website.de
	Wenn die Startseite in einem anderen Verzeichnis lie Installation, dann gehört diese Adresse hier hinein.
E-Mail-Adresse	kontakt@perun.net
	Diese Adresse wird nur zu administrativen Zwecken
Mitgliedschaft	☐ Jeder kann sich registrieren.
Standardrolle eines neuen Benutzers	Abonnent ▼

Abbildung: Allgemeine Einstellungen

Hier empfiehlt es sich v. a. den folgenden Punkt anzupassen:

Untertitel

Geben Sie einfach in das entsprechende Textfeld einen passenden Untertitel für Ihre Website ein – Sie können das Feld natürlich auch leer lassen.

1. WordPress installieren

Bei den folgenden Punkten können Sie einige Angaben bzgl. Uhrzeit und Datum machen. Stellen Sie also die gewünschte **Zeitzone** ein, passen Sie evtl. das **Datumsformat** sowie das **Zeitformat** an und wählen Sie den Wochentag aus, an dem die **Woche beginnt**.

Abändern können Sie in diesem Bereich auch den Blogtitel und die E-Mail-Adresse, die Sie bei der Installation angegeben haben.

Als untersten Punkt finden Sie hier eine Möglichkeit zur **Sprachauswahl**. Seit der WordPress-Version 4.0 können Sie hier auswählen, welches Sprachpaket eingesetzt werden soll. Die Dateien dazu befinden sich im Ordner *wp-content/languages*.

Möchten Sie WordPress in einer anderen Sprache betreiben, müssen hier die entsprechenden Dateien vorhanden sein und man kann die Sprache dann auswählen. Eine Übersicht über die vorhandenen Sprachdateien gibt es u. a. bei WP Central[8].

Vergessen Sie nicht Ihre Angaben mit einem Klick auf den Button "Änderungen übernehmen" zu aktivieren bzw. zu speichern.

1.3.2 Schreibeinstellungen

Dieser Bereich gliedert sich in mehrere Bereiche, die alle das Schreiben bzw. Veröffentlichen von Beiträgen und Seiten betreffen.

---

8 http://wpcentral.io/internationalization/

> **Einstellungen › Schreiben**
>
> **Formatierung**
> ☑ Wandle Emoticons wie `:-)` und `:-P` in Grafiken um.
> ☐ WordPress soll falsch verschachteltes XHTML automatisch korrigieren
>
> **Standardkategorie für Beiträge**
> Allgemein ▼
>
> **Standard-Beitrags-Formatvorlage**
> Standard ▼
>
> **Via E-Mail schreiben**
>
> Um Beiträge in WordPress via E-Mail zu veröffentlichen, musst du ein geheimes E-Mail-Konto mit POP3-Zugang ein strengstens geheim. Hier drei Beispiele möglicher Zufallszeichenketten, die du verwenden könntest: `brtOAM3i`.
>
> **Mailserver** `mail.example.com` Port `110`
>
> **Login-Name** `login@example.com`
>
> **Passwort** `password`
>
> **Standardkategorie für Beiträge per E-Mail**
> Allgemein ▼
>
> **Update Services**
> WordPress benachrichtigt keine Updatedienste aufgrund der Sichtbarkeitseinstellungen.

Abbildung: Schreibeinstellungen

Direkt am Anfang befinden sich zwei Checkboxen, die die Formatierung betreffen. Die erste bestimmt, ob aus Zeichen wie :-) und ;-) ein gelber Smiley wird. Die zweite Checkbox ist nur relevant, wenn Beiträge im Text-Editor verfasst werden. In diesem Fall würde ich empfehlen, diese Checkbox zu aktivieren.

In den Auswahllisten darunter bestimmen Sie die

1. WordPress installieren

Standardkategorie und die Standard-Beitrags-Formatvorlage für Ihre Beiträge. Das heißt, dass wenn Sie z. B. einen Beitrag verfassen und keine Kategorie und/oder keine Formatvorlage auswählen, der Beitrag dann in dieser Kategorie mit der entsprechenden Formatvorlage veröffentlicht wird.

Via E-Mail schreiben

Mit WordPress ist es auch möglich Beiträge via E-Mail zu veröffentlichen. Dafür muss man ein E-Mail-Konto einrichten, das nur die jeweiligen Redakteure und Autoren kennen sollten, denn alle E-Mails, die an diese Adresse geschickt werden, werden als Beitrag veröffentlicht.

Um Spammern das Leben schwer(er) zu machen empfiehlt sich zudem ein exotisches Präfix für die Adresse einzusetzen.

Ein gutes Beispiel wäre *bl274brghl-7azrq@perun.net* und ein schlechtes wäre *kontakt@perun.net* oder *info@perun.net*.

Damit diese Funktion genutzt werden kann, müssen Sie den Mailserver, den Port, Ihren Login-Namen, das Passwort und eine Standardkategorie, in der die Mail-Beiträge veröffentlicht werden sollen, angeben.

Update-Services

Im unteren Teil dieses Unterbereichs haben Sie die Möglichkeit, die Update-Services zu verwalten. Hierbei benachrichtigt Ihr Weblog einen bestimmten Dienst bzw. eine Website, dass es auf Ihrem Weblog etwas Neues gibt. Da Sie aber bei der Installation wahrscheinlich die Checkbox *Suchmaschinen dürfen diese Webseite indexieren.* deaktiviert haben, ist logischerweise auch die Benachrichtigung der Pingdienste deaktiviert.

Sie können hier jederzeit die Benachrichtigungsfunktion wieder aktivieren bzw. deaktivieren. Klicken Sie dafür auf den Link *Sichtbarkeitseinstellungen* und aktivieren Sie im Unterbereich *Einstellungen / Lesen* die Suchmaschinen-Sichtbarkeit Ihres Blogs.

1.3.3 Leseeinstellungen

In diesem Bereich geht es vornehmlich darum wie der Inhalt der Website präsentiert wird.

Abbildung: Leseeinstellungen

Sie können hier folgende Parameter festlegen:

- Welche Seite soll als Startseite angezeigt werden? – Eine Blogseite, bzw. eine Seite mit den letzten Beiträgen oder eine statische Seite; außerdem können Sie hier

eine statische Seite auswählen, die alle Beiträge enthält, wenn die Startseite eine statische Seite ist.
- Maximale Anzahl der Beiträge auf einer Blogseite.
- Maximale Anzahl der angezeigten Beiträge im Newsfeed.
- Sollen im Newsfeed die kompletten Beiträge oder nur ein Auszug angezeigt werden?

Ganz zu unterst können Sie festlegen, ob Ihre Website von Suchmaschinen indexiert werden soll. WordPress weist allerdings darauf hin, dass es den Suchmaschinen obliegt diese Einstellung zu befolgen: "Es liegt an den Suchmaschinen, diese Anfrage anzunehmen." Außerdem verhindert es in keiner Weise den Zugang zur Website, wie dies ein Passwortschutz es tun würde!

1.3.4 Diskussionseinstellungen

Der Unterbereich *Einstellungen / Diskussion* ist relativ umfangreich und beschäftigt sich einzig mit den Möglichkeiten, die Besucher Ihrer Website beim Kommentieren von Seiten und/oder Beiträgen haben.

Abbildung: Diskussionseinstellungen

Kommentarmoderation

Sie können zunächst festlegen, ob Ping- und Trackbacks geschickt bzw. empfangen werden sollen und ob es Besuchern überhaupt gestattet ist zu kommentieren. Diese Einstellungen können bei jedem einzelnen Beitrag angepasst werden und "überschreiben" dann die hier festgelegten Regeln.

Wenn das Kommentieren erlaubt ist, geht es im folgenden Bereich darum welche Mindestangaben (Name und E-Mail-Adresse) bzw. Mindestvoraussetzungen (evtl. Registrierung)erfüllt werden müssen. Außerdem können Sie auch festlegen, dass das Kommentieren von älteren Beiträgen nicht mehr möglich ist.

1. WordPress installieren

Sie können zudem festlegen wie die Kommentare optisch auf der Website präsentiert werden (Verschachtelung, wie viele auf einer Seite, Reihenfolge).

Bei den E-Mail-Einstellungen können Sie festlegen, ob und wann Sie und der Autor eines Beitrags über abgegebene Kommentare per E-Mail unterrichtet werden möchten.

Sie können außerdem entscheiden, ob ein Kommentar erst nach einer Prüfung durch den Administrator erscheinen darf und ob der Autor des Kommentars einen bereits erschienenen Kommentar verfasst haben muss.

Graue und schwarze Liste

Durch das Festlegen von Wörtern in einer grauen und schwarzen Liste sowie die Beschränkung auf eine maximale Anzahl von Links, die ein Kommentar beinhalten darf, können Sie schon im Vorfeld einen großen Teil des Spam-Aufkommens bekämpfen.

Avatare

WordPress bietet die Möglichkeit, dass neben einem Kommentar auch der Avatar des Autors erscheint. Hier können Sie festlegen, ob dies der Fall sein soll und falls ja, was angezeigt werden soll, wenn ein Autor über keinen Gravatar (globally recognized avatar) verfügt.

1.3.5 Einstellungen der Mediathek

Einstellungen › Mediathek

Bildgröße

Diese Maße legen die maximale Größe in Pixeln von Bildern fest, die in einen Beitrag eingefügt werden.

Größe der Miniaturbilder	Breite 150	Höhe 150
	☑ Beschneide das Miniaturbild auf die exakte Größe (Miniaturbilder sind normalerweise proportional)	
Mittlere Bildgröße	Maximale Breite 300	Maximale Höhe 300
Maximale Bildgröße	Maximale Breite 1024	Maximale Höhe 1024

Dateien hochladen

☑ Organisiere meine Uploads in monats- und jahresbasierten Ordnern

[Änderungen speichern]

Abbildung: Einstellungen der Mediathek

Die Einstellungen, die Sie in diesem Abschnitt tätigen können betreffen die Präsentation von Medien.

Sie können die maximalen Bildgrößen festlegen und ihr hochgeladenen Medien in monats- und jahresbasierten Ordnern organisieren.

Achtung: Ein gerade installiertes WordPress hat **noch keinen Ordner** für hochgeladene Medien. Sie müssen also den Ordner *uploads* im Ordner *wp-content* noch mit Hilfe ihres FTP-Programmes erstellen. Und damit auch Bilder in diesem Ordner gespeichert werden können, müssen Sie ihm

> die vollen Schreibrechte (*CHMOD 777*) zuweisen.

1.3.6 Permalinkeinstellungen

In diesem Bereich der Einstellungen können sie die sogenannten "sprechenden URLs" erzeugen und somit den Permalinks der mit WordPress betriebenen Website aussagefähige Adressen geben.

Voraussetzung dafür ist, dass auf dem Apache-Webserver, auf dem Sie WordPress installiert haben, das Modul *mod_rewrite* aktiv ist. Außerdem müssen Sie die Möglichkeit haben eine *.htaccess*-Datei hochzuladen und diese zu beschreiben.

Die *.htaccess*-Datei ist eine Textdatei, die Sie in jedem Texteditor erstellen können. Mit dieser Datei haben Sie die Möglichkeit, das Verhalten des Apache-Webservers zu beeinflussen oder auf bestimmte Funktionen zuzugreifen: "sprechende" URLs, Passwortschutz etc.

Abbildung: Permalinkeinstellungen

Standardmäßig ist die Funktion der "sprechenden" URLs nicht aktiviert und die URLs zu den einzelnen Beiträgen sind folgendermaßen aufgebaut:

www.ihre-website.de/?p=123

Falls Sie lieber sprechende URLs einsetzen möchten, haben Sie die Auswahl zwischen verschiedenen Varianten:

- vollständiges Datum (Jahr, Monat, Tag) und Name des Beitrags: www.ihre-website.de/2012/01/14/artikel-name/
- Teil des Datums (Jahr, Monat) und Name des Beitrags: www.ihre-website.de/2012/01/artikel-name/

1. WordPress installieren

- Nummerische Einordung: www.ihre-website.de/archives/123
- Nur Name des Beitrags: www.ihre-website.de/artikel-name/

Sie haben selbstverständlich aber auch die Möglichkeit den Aufbau der Permalink-Struktur in Ihrem Weblog ganz individuell zu gestalten. Welche Tags Ihnen dafür zur Verfügung stehen erfahren Sie im WordPress-Codex[9], der im Erläuterungstext dieser Backendseite auch verlinkt ist.

Optional dazu haben Sie zudem die Möglichkeit, die Kategoriebasis in der Adresse einer Kategorie anzupassen. Üblicherweise – nachdem sprechende URLs erzeugt wurden – ist eine Kategorieadresse so aufgebaut:

www.ihre-website.de/category/allgemein/

Das Wort category können Sie durch z.B. *kategorie*, *thema* oder *ordner* ersetzen. Dafür müssen Sie in dem entsprechenden Textfeld z. B. *kategorie* eintragen, wenn Sie category durch kategorie ersetzen wollen.

Damit die Änderungen aus diesem Bereich auch wirksam werden können, müssen Sie allerdings zunächst eine *.htaccess*-Datei erstellen und diese in den Hauptordner hochladen. Hierein "notiert" WordPress dann ihre Änderungen.

> **Hinweis:** Es kann sein, dass die manuelle Erstellung der *.htaccess*-Datei nicht notwendig ist. Dies ist abhängig von Ihrem Provider.

Erstellen Sie also lokal eine Textdatei mit dem Namen *a.htaccess*. Diese Datei muss leer sein und darf nicht mit einem

---
[9] http://codex.wordpress.org/Using_Permalinks

Textverarbeitungsprogramm (Word o. ä.) erstellt worden sein. Die Datei heißt deswegen *a.htaccess*, da Windows es Ihnen nicht erlaubt eine Datei ohne Namen zu erstellen.

Nach dem Hochladen in das Hauptverzeichnis ihrer WordPress-Installation, also auf die gleiche Ebene auf der sich auch die *wp-config.php*-Datei befindet, benennen Sie die Datei einfach in den korrekten Namen *.htaccess* um und weisen ihr gleichzeitig Schreibrechte (*CHMOD 666*) zu. Erst jetzt kann WordPress ihre Änderungen bzgl. der Permalinks speichern.

Falls Sie dieser Datei keine Schreibrechte zuweisen möchten (oder können) können Sie auch den von WordPress generierten Code manuell in diese Datei einfügen. WordPress zeigt diesen Code an, falls Sie Ihre Änderungen speichern und es keine beschreibbare *.htaccess*-Datei am richtigen Ort finden kann.

Abbildung: Inhalt für die *.htaccess*-Datei

1.3.7 Sonstiges

Auf (fast) allen nun besuchten Seiten sind Ihnen hoffentlich im rechten oberen Bereich die Links *Optionen einblenden* und *Hilfe* aufgefallen.

1. WordPress installieren

Abbildung: Optionen und Hilfe zur Seite

Hier können Sie einstellen was Sie auf einer Seite im Backend angezeigt bekommen möchten (Link: *Optionen einblenden*) und sie bekommen jeweils an die gerade gezeigte Seite angepasst einige Hilfestellungen (Link: *Hilfe*) zur Bedienung der Funktionen. Optionseinstellungen gelten allerdings immer nur für den jeweiligen Nutzer und sind nicht global gültig.

1.4 All-in-one, die *options.php*

Ein schönes Gimmick möchte ich Ihnen am Ende dieses Kapitels noch präsentieren. Wenn Sie die URL *www.ihre-website.de/wp-admin/options.php* Ihrer WordPress-Installation aufrufen, dann bekommen Sie folgendes Bild zu sehen:

Abbildung: Alle Einstellungen in der *options.php*

Sie bekommen hier **alle** Einstellungen Ihrer WordPress-Installation übersichtlich auf einer Seite präsentiert. Hier können Sie auch Plugin-Einstellungen einsehen und bearbeiten und Sie können Einstellungen tätigen, für die es im Admin-Bereich keine Einstellungsmöglichkeiten gibt, wie die Einstellung für den MIME-Typ für den Inhalt des Weblogs.

2. Das Weblog anpassen

2.1 Plugins

WordPress alleine bietet schon einiges, um seine Installation anzupassen. Falls Sie sich mit PHP auskennen können Sie noch mehr aus dem System herausholen, aber da das nicht bei jedem der Fall ist und man vielleicht auch nicht für jede Kleinigkeit ein eigenes Skript verfassen möchte, gibt es zahlreiche Plugins für WordPress.

Plugins erweitern die Funktionalität von WordPress und geben einem so die Möglichkeit eine WordPress-Basisinstallation an seine eigenen Bedürfnisse anzupassen.

Das offizielle Plugin-Verzeichnis[10] listet derzeit (Stand: April 2015) über 37.500 verschiedene Plugins auf. Schauen Sie sich einfach mal um und lassen sie sich überraschen was alles möglich ist.

Welche Plugins Sie schlussendlich installieren, hängt natürlich ganz von Ihren Bedürfnissen und Ihren Vorlieben ab. Generell sollte man allerdings nicht zu viele Plugins installieren, damit die Performance von WordPress nicht allzu sehr leidet.

Obwohl Sie WordPress-Plugins auch auf anderen Websites finden werden, empfiehlt es sich – aus sicherheitstechnischen Gründen – Plugins aus dem offiziellen Verzeichnis den Vorzug zu geben. Zum anderen haben Sie dann den Vorteil, dass Sie das Plugin wesentlich einfacher installieren und updaten können als dies bei "externen" Plugins der Fall ist.

Wenn es Sie interessiert welche Plugins ich auf perun.net

---
10 http://wordpress.org/plugins/

einsetze, empfehle ich Ihnen den dortigen Artikel "WordPress: Plugins, die ich nutze"[11].

2.1.1 Plugins installieren

Grundsätzlich gibt es – wie oben schon angedeutet – mehrere Wege ein Plugin zu installieren. Entscheidend hierbei ist, woher Sie das Plugin "nehmen". Kommt es von der offiziellen Seite oder haben Sie es beim Entwickler direkt heruntergeladen?

Plugins automatisch installieren

Um ein Plugin automatisch, und das heißt gleichzeitig auch aus dem offiziellen Verzeichnis, zu installieren muss man den Menüpunkt *Plugins / Installieren* aufrufen.

---

11 www.perun.net/?p=2417

2. Das Weblog anpassen

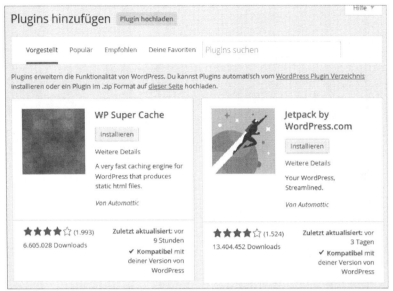

Abbildung: Ein Plugin installieren

Der Bereich gliedert sich in mehrere Bereiche. Im oberen Bereich befinden sich einige Links:

- Vorgestellt: Der aktuell angezeigte Bereich. Hier wird Ihnen eine Auswahl an Themes vorgestellt. Auf einen Blick können Sie hier erkennen wofür das Plugin gedacht ist, wie es bewertet wird, wie oft es heruntergeladen wurde, wie aktuell es ist und schließlich auch, ob es mit ihrer eingesetzten WordPress-Installation kompatibel ist. Ein Klick auf den Link Weitere Details öffnet ein Fenster mit ausführlichen Beschreibungen, Erläuterungen zum Einsatz etc.
- Populär: Hier finden Sie die beliebtesten Plugins (nach Bewertung der Nutzer).
- Empfohlen Hier werden Plugins angezeigt, die sich

danach richten welche anderen Plugins man schon installiert hat.
- Deine Favoriten: Wenn Sie bei WordPress.org registriert sind haben Sie die Möglichkeit Plugins zu "favorisieren". Die so gekennzeichneten "Lieblings-Plugins" werden dann hier angezeigt. (Neu seit WordPress 3.5)

Oberhalb dieser Links, direkt neben dem Seitentitel finden Sie noch den Link Plugin hochladen. Hier können Sie ein gezipptes Theme, das Sie auf Ihrem Rechner gespeichert haben, installieren. Das ist z. B. der Fall, wenn Sie das Theme von einer Entwicklerseite herunter geladen haben.

Rechts neben den Links finden Sie ein Eingabfeld, bei dem Sie gezielt nach Plugins suchen können.

Zum Installieren eines Plugins klicken Sie einfach auf den Button *Installieren*, der die Installationsroutine startet.

Für die Installation folgen Sie einfach den Anweisungen. Halten Sie Ihre Zugangsdaten zum FTP-Server (Hostname, Benutzername, Passwort) bereit, denn diese werden Sie höchst wahrscheinlich benötigen. Abhängig von Ihrem Server kann es aber auch sein, dass diese Zugangsdaten nicht abgefragt werden.

Am Ende des Installationsvorgangs müssen Sie das Plugin noch aktivieren, damit es einsatzbereit ist.

2. Das Weblog anpassen

Abbildung: Ein Plugin aktivieren

Eine Übersicht über Ihre bereits installierten Plugins finden Sie beim Menüpunkt *Plugins / Installiert Plugins*. Hier haben Sie auch die Möglichkeit Plugins zu deaktivieren bzw. zu aktivieren und natürlich auch zu löschen.

Abbildung: Eine Übersicht über alle installierten Plugins

Plugins halbautomatisch installieren

Nur halbautomatisch, aber nicht komplett manuell, erfolgt die Installation eines Plugins, das Sie als ZIP-Datei vorliegen haben.

47

Beim Menüpunkt *Plugins / Installieren* wechseln Sie mit dem Link *Plugin hochladen* in den Bereich, in dem Sie ein gezipptes Plugin hochladen können. Wählen Sie dann die Datei auf Ihrer Festplatte aus und die Installation erfolgt analog der vollautomatischen Installation eines Plugins.

Plugins manuell installieren

Falls die halbautomatische Installation eines gezippten Plugins nicht gelingen sollte, haben Sie noch den guten alten Weg der manuellen Installation.

Dafür müssen Sie das Plugin (entweder ein Ordner – nicht gezippt! – oder eine einzelne Datei (Lesen Sie hierzu die Anleitung des Plugin-Autors auf der begleitenden Website oder in der Datei *liesmich.txt* bzw. *readme.txt*) per FTP-Programm in den Ordner *wp-content/plugins* hochladen. Nach dem Hochladen wechseln Sie zu dem Menüpunkt *Plugins / Installierte Plugins* und aktivieren dort das Plugin, indem Sie den Link *Aktivieren* anklicken.

2.1.2 Plugins updaten

Das Updaten von Plugins gestaltet sich genau so simpel wie die Installation. Falls Sie das Plugin aus dem offiziellen Verzeichnis installiert haben, so erhalten Sie im Backend von WordPress Nachricht darüber, wenn es eine aktuellere Version gibt.

2. Das Weblog anpassen

Abbildung: Ein Plugin-Update ist verfügbar

Angezeigt bekommen Sie dies nämlich mit der Anzahl der verfügbaren Updates bei den Menüeinträgen *Dashboard / Aktualisierungen* und *Plugins*. Wo Sie das Update durchführen hängt von Ihnen ab. Im Bereich *Plugins / Installierte Plugins* anzeigen können Sie jedoch vor dem Update noch detaillierte Informationen über die Änderungen einsehen.

Abbildung: Ein Plugin aktualisieren

Zum Updaten klicken Sie einfach den Link *aktualisiere jetzt* an und folgen Sie den Anweisungen ähnlich wie bei der Installation.

Plugins, die sich nicht im offiziellen Verzeichnis befinden, müssen Sie manuell updaten. Konkret kommt dies in den meisten Fällen einer Neuinstallation gleich. Beachten Sie dafür bitte die Hinweise des Entwicklers.

2.1.3 Massenupdate von Plugins

Falls Sie mehrere Plugins updaten möchten, werden Sie sich über die Möglichkeit freuen, dies in einem Arbeitsschritt tun zu können.

Klicken Sie den Link *Aktualisierungen verfügbar* an, der sich oberhalb der Tabelle befindet, markieren Sie die Plugins, die Sie Updaten möchten und wählen Sie dann aus dem Dropdown-Feld *Aktion wählen* den Punkt *Aktualisieren*. Bestätigten Sie Ihre Auswahl mit einem Klick auf den Button *Übernehmen*.

Seit der Version 2.9 bietet Ihnen WordPress diese Möglichkeit auch unter dem Menüpunkt *Dashboard / Aktualisierungen*.

Wählen Sie auch hier einfach die Plugins aus, die Sie aktualisieren möchten und klicken Sie dann auf den Button "Plugins aktualisieren".

Mit der Checkbox im Tabellenkopf können Sie auch alle Plugins mit einem Klick auswählen.

Unter dem Menüpunkt *Plugins / Editor* können Sie auch den Code von Plugin-Dateien bearbeiten. Sollten Sie ein Plugin allerdings Updaten so werden Ihre Änderungen überschrieben.

2.2 Permalinks und deutsche Sonderzeichen

Bis einschließlich Version 3.5 war es in WordPress notwendig, dass man Plugins installierte um die deutschen Umlaute und Sonderzeichen zu "entschärfen". Hat man zum Beispiel einen Artikel mit folgendem Titel verfasst – "Schöne Grüße aus Köln" – dann hat WordPress in der Standardinstallation daraus die folgende URL erstellt:

www.ihre-website.de/2012/01/schone-gruse-aus-koln/

Die Umlaute waren verschwunden. Aus "Schöne Grüße aus Köln" wurde "Schone Gruse aus Koln".

Seit der Version 3.6 kann WordPress auch mit den Umlauten im Titel gut umgehen und erstellt aus dem vorherigen Beispiel folgende URL:

www.ihre-website.de/schoene-gruesse-aus-koeln/

Das heißt, sie müssen sich darum nicht mehr kümmern. Da dieses Problem aber jahrelang bestanden hat, haben wir uns entschieden aus Gründen der Vollständigkeit, diesen Abschnitt noch im Buch zu behalten.

2.3 Spam bekämpfen

Ebenso wichtig und am besten schon vor dem Verfassen des ersten Artikels ist die Installation eines Plugins, das einem hilft das Spamaufkommen zu bekämpfen.

Jedes Blog, welches Kommentare und/oder Trackbacks zulässt wird irgendwann zur Zielscheibe von Spammern. Je höher der Bekanntheitsgrad der Website, desto höher das Spamaufkommen, das abgewehrt werden muss.

Auch in diesem Bereich gibt es viele Plugins, die Ihnen helfen können – komplett verhindern ist in diesem Fall leider nicht möglich. Im Folgenden möchte ich Ihnen eins vorstellen, das ich bei eigenen Projekten verwende.

2.3.1 Antispam Bee

Sie wundern Sich jetzt vielleicht warum ich Ihnen hier das Plugin Antispam Bee[12] vorstelle und nicht Akismet[13], ein sehr verbreitetes und schon installiertes (nicht aktiviert) Plugin für WordPress.

---
12 http://wordpress.org/plugins/antispam-bee/
13 http://wordpress.org/plugins/akismet/

2. Das Weblog anpassen

Das hat zwei Gründe: Zum einen ist Akismet für kommerzielle Websites nicht kostenlos, zum anderen hat es Anfang 2011 eine rege Debatte bzgl. des Datenschutzes gegeben[14], so dass ich mich für die Nutzung von Antispam Bee entschieden habe.

Das Plugin Antispam Bee befindet sich im offiziellen Verzeichnis, kann also direkt im Backend von WordPress installiert werden.

Nach der Installation und Aktivierung finden Sie einen weiteren Menüpunkt bei den Einstellungen: *Antispam Bee*. Hier können Sie Ihre eigenen Einstellungen für die Funktionsweise des Plugins festlegen, z. B. verschiedene Filter für Länder und Sprachen einrichten etc. Mehr zu den Einstellungen und meine Empfehlungen können Sie meinem Beitrag WordPress: Antispam Bee mit neuen Funktionen[15] entnehmen.

Eine sehr ausführliche Anleitung und Erläuterung zur Wirkungsweise finden Sie auch auf der Seite des Entwicklers Sergej Müller[16].

2.4 Das Standard-Theme Twenty Fifteen anpassen

Je nach dem welches Theme Sie nutzen, gibt es unterschiedliche Möglichkeiten in der Anpassung. Manche Themes sehen es auch nicht vor, dass Anpassungen im Layout direkt im Backend gemacht werden können. Das derzeitige Standard-Theme Twenty Fifteen[17] bietet Ihnen aber einige Möglichkeiten.

---

14 http://blog.wpde.org/?p=924
15 www.perun.net/?p=4696
16 http://playground.ebiene.de/antispam-bee-wordpress-plugin/
17 https://wordpress.org/themes/twentyfifteen

Sämtliche Einstellungsmöglichkeiten findet man unter dem Hauptmenüpunkt *Design*. Die wichtigsten Menüpunkte zum Individualisieren des Standard-Themes sind die folgenden:

- Widgets: Mit Hilfe von verschiedenen Widgets können Sie die Inhalte der Sidebar leicht steuern. Wie das geht wird auf der übernächsten Seite erklärt.
- Menüs: Hier können Sie ein eigenes Menü zusammenstellen. Auf diese Funktionalität möchte ich auf der nächsten Seite näher eingehen.
- Kopfzeile (Header): Hier können Sie ein Bild für den Kopfbereich der Website hochladen oder ein bereits vorhandenes auswählen. Sie können zudem festlegen, ob innerhalb der Kopfzeile Text (Blogtitel und Untertitel) angezeigt werden sollen und falls ja die Textfarbe festlegen.
- Hintergrund: Hier können Sie ein Bild und/oder eine Farbe für den Hintergrund der Website hochladen bzw. auswählen.

2.4.1 Ein eigenes Menü erstellen

Im Bereich *Design / Menüs* haben Sie die Möglichkeit ein individuelles Menü zu erstellen, das das Standardmenü in der Hauptnavigation ersetzt. Dafür sind nur wenige Schritte notwendig:

2. Das Weblog anpassen

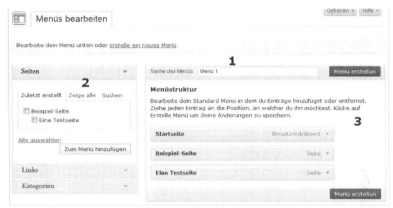

Abbildung: Ein eigenes Menü erstellen

1. Geben Sie Ihrem Neuen Menü einen Namen und Klicken Sie auf den Button "Menü erstellen". Sie können auch mehrere unterschiedliche Menüs erstellen.
2. Nun können Sie das Menü mit Seiten, individuellen Links und Kategorien bestücken.
3. Danach haben Sie die Möglichkeit per Klicken und Ziehen, die einzelnen Menüpunkte zu positionieren und bei Bedarf zu verschachteln.

Abbildung: Individuelles Menü positionieren

Nachdem Sie ein Menü erstellt und abgespeichert haben, entsteht im oberen Bereich ein zusätzlicher Reiter mit dem Namen "Positionen verwalten". Wenn Sie diesen aufrufen, dann haben Sie die Möglichkeit, dass neu erstellte Menü im Theme zu positionieren und zwar an den Stellen, die die Autoren des jeweiligen Themes vorgesehen haben. Im Fall von Twenty Fifteen werden beide Menüs in der linken Sidebar oberhalb des Widgetbereichs, unmittelbar unter dem Seiten-Titel platziert. Links, die im Social-Links-Menü eingefügt wurden, werden durch Symbole dargestellt.

Sie können individuell erstellte Menüs aber auch mit Hilfe eines Widgets in ihrem Theme platzieren.

Wie der Einsatz von Widgets genau funktioniert erfahren Sie im nächsten Abschnitt.

2.4.2 Widgets einsetzen

Diesen Bereich werden Sie in vielen Themes vorfinden, auch bei solchen, die ansonsten keinerlei Einstellungen zulassen. Der Widgetbereich ist nämlich der Bereich der Sidebar (Seitenbereiche) und/oder des Footers (Fußbereich), der mit verschiedenen Inhalten – manchmal auch durch Plugins – gefüllt werden kann.

2. Das Weblog anpassen

Abbildung: Widgets

Im Bereich *Design / Widgets* können Sie den bestimmte Bereiche Ihrer Website individuell mit Inhalten füllen. Welche Bereiche das genau sind hängt vom eingesetzten Theme ab. Oft findet man Widgetbereiche in der Sidebar und im Footer.

Im linken Bereich finden Sie alle verfügbaren Widgets, im rechten Bereich die verfügbaren Bereiche. Per Drag & Drop können Sie nun Widgets in den gewünschten Bereich schieben. Durch einen Klick auf auf die kleinen Pfeile öffnen sich die Optionseingabefelder für die einzelnen Widgets.

Möchten Sie ein Widget entfernen, so ziehen Sie es entweder in den Bereich "Verfügbare Widgets" oder – falls Sie seine Einstellungen behalten möchten – in den Bereich "Inaktive Widgets" im unteren Bereich der Seite.

Sie können die Widgets aber auch platzieren, indem Sie sie anklicken und ihnen dann einen Standort zuweisen.

Über den Link "Verwalten mit Live-Vorschau" bekommen Sie das Frontend ihrer Seite angezeigt und können so direkt sehen wie sich Änderungen im Widgetbereich auswirken.

2.4.3 Anpassungen im Frontend mit Live-Vorschau

Einen Großteil der hier beschriebenen Anpassungen können Sie auch im Frontend vornehmen. Dabei haben Sie eine Live-Vorschau der Änderungen und sehen somit gleich wie sich Änderungen auswirken. Klicken Sie dafür im Frontend einfach auf den Menüpunkt *Anpassen* oder gehen Sie alternativ über *Design / Anpassen*.

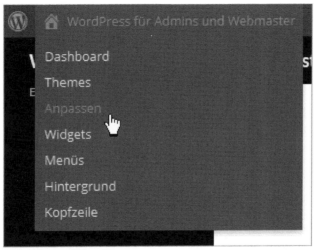

Abbildung: WordPress anpassen

Im linken Bereich des Browserfensters erscheinen darauf hin mehrere Menüpunkte, mit deren Hilfe Sie das Aussehen Ihrer Website live anpassen können.

2. Das Weblog anpassen

Abbildung: WordPress live anpassen

In diesem Bereich können Sie den Seitentitel und Untertitel ändern, die Farbgebung anpassen oder aber auch festlegen welches Hintergrundbild angezeigt werden sollen.

Abbildung: WordPress live anpassen (2)

Aber man kann auch die Kopfgrafik auswählen, ein individuelles Menü bestimmen und entscheiden ob die letzten Blog-Artikel (Standardeinstellung) oder eine Seite als Startseite dienen soll. Vergessen Sie nicht Änderungen auch zu speichern, damit Sie wirksam werden!

Seit der Version WordPress 3.9 können Sie in diesem Bereich sogar Widgets platzieren, um zu sehen wie sie im Frontend aussehen würden.

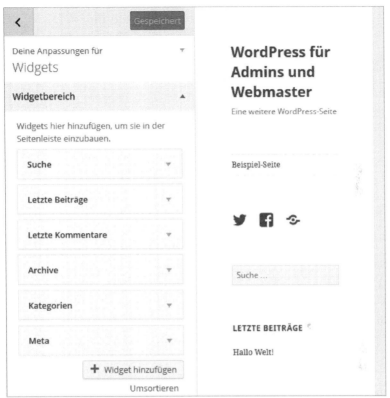

Abbildung: Widgets einfügen und anzeigen lassen

Seit der WordPress-Version 4.2 können Sie hier sogar das komplette Theme wechseln, um zu sehen wie sich dies bei Ihren aktuellen Inhalten auswirkt.

2.4.4 Editor

Ähnlich wie im Plugin-Bereich gibt es auch im Bereich *Design* den Menüpunkt *Editor*, in dem Sie Theme-Dateien direkt bearbeiten können. Denken Sie aber daran, dass Ihre

Änderungen bei einem Update überschrieben werden.

2.5 Ein neues Theme installieren

Falls Ihnen die oben genannten Anpassungsmöglichkeiten nicht ausreichen, so haben Sie selbstverständlich die Möglichkeit ein eigenes bzw. ein anderes Theme zu nutzen. Im offiziellen Verzeichnis findet man Themes, die man frei nutzen kann.

2.5.1 Theme automatisch installieren

Um ein Theme aus dem offiziellen Verzeichnis[18] zu installieren, müssen Sie in den Menüpunkt *Design / Themes* wechseln. Dort befindet sich neben den bereits installierten Themes ein Platzhalter für ein neues Theme. Klicken Sie diesen an oder aber auch den Button "Installieren", der sich am oberen Fensterrand befindet.

---

18 wordpress.org/themes/

2. Das Weblog anpassen

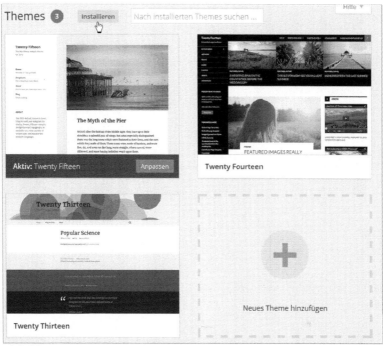

Abbildung: Ein neues Theme hinzufügen

Im folgenden Fenster finden Sie eine hervorgehobene Auswahl an Themes präsentiert. Sie können sich aber auch populäre oder neue Themes anzeigen lassen. Außerdem können Sie auch nach einem Theme suchen. Dabei steht es Ihnen frei nach den folgenden Gesichtspunkten zu suchen: Schlüsselwort (Begriff), Autor, Schlagwort. Oder Sie filtern die Themes nach bestimmten Funktionen: Farben, Spalten, Layout, Funktionen, Thema.

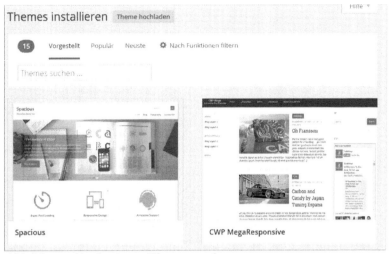

Abbildung: Nach einem Theme suchen

Haben Sie ein Theme gefunden, das Ihnen zusagt, so können Sie sich eine *Vorschau* anzeigen lassen. Hier sehen Sie einige Beispielbeiträge mit verschiedenen Formatierungen, so dass Sie sich einen Eindruck verschaffen können wie das ausgewählte Theme dann im Einsatz aussieht.

Wenn Sie ein Theme gefunden haben, das Ihren Vorstellungen entspricht, klicken Sie auf den Link *Jetzt installieren*.

Für die Installation müssen Sie nun Ihre FTP-Zugangsdaten angeben. Nach einer erfolgreichen Installation müssen Sie das neue Theme nur noch aktivieren.

In der Themes-Verwaltung können Sie dann sehen, dass Ihr aktuelles Theme sich geändert hat. Dahinter sind die verfügbaren Themes gelistet, also alle Themes, die Sie installiert, aber nicht aktiviert haben.

Wenn Sie mit der Maus über ein installiertes Theme fahren

2. Das Weblog anpassen

können Sie sich die *Theme-Details* anschauen. Hier erfahren Sie etwas über die spezifischen Eigenschaften des Themes und können auch mit den Pfeilen oben links bequem durch alle vorhandenen Themes blättern. Sie können die Themes hier auch aktivieren, sich die Live-Vorschau anzeigen lassen oder löschen.

Abbildung: Die Theme-Details

2.5.2 Theme halbautomatisch oder manuell installieren

Falls Sie im offiziellen Verzeichnis nichts gefunden haben was Ihren Vorstellungen entspricht, können Sie sich natürlich auch bei den Themeautoren direkt oder in anderen Verzeichnissen umschauen. Eine mögliche Anlaufstelle wären z. B. Premium WordPress-Themes[19]. Hier finden Sie eine Übersicht deutsch-

---
19 www.perun.net/?p=2330

und englischsprachiger Anbieter von WordPress Premium-Themes. Alle hier vorgestellten Anbieter von kostenpflichtigen Premium WordPress-Themes können wir empfehlen, weil wir mit ihnen positive Erfahrungen gemacht haben.

In jedem Fall laden Sie sich das gewünschte Theme herunter und installieren Sie es halbautomatisch oder manuell – so wie Sie es auch bei den Plugins kennengelernt haben: entweder durch das Hochladen einer Zip-Datei im Backend (Button "Theme hochladen" beim Menüpunkt *Design / Themes, Installieren*) oder durch den Upload einer entpackten Datei per FTP in den Ordner *wp-content/themes*.

2.6 Benutzerverwaltung (Rechtemanagement)

Als Administrator wird es sicherlich auch zu Ihren Aufgaben gehören für die einzelnen Benutzer Konten anzulegen.

Das Redaktionssystem WordPress unterscheidet (in der Standard-Installation) fünf Benutzergruppen. In aufsteigender Reihenfolge sind dies die folgenden:

1. Während der **Abonnent** sich lediglich anmelden und sein eigenes Profil verwalten kann, hat er keinerlei inhaltlichen Einfluss auf den Blog. In manchen Blogs muss man jedoch Abonnent sein, um Beiträge kommentieren zu können.
2. Der **Mitarbeiter** kann lediglich Beiträge verfassen, diese aber nicht veröffentlichen.
3. Der **Autor** ist ein selbständiger Mitarbeiter, der eigene Beiträge (inklusive Bild-, Audio- und Videomaterial) verfassen und veröffentlichen kann. Kommentare, die seine eigenen Beiträge betreffen, kann er moderieren.

2. Das Weblog anpassen

Er nimmt somit eine wichtige Rolle bei der Beisteuerung von Inhalten wahr, ist aber kein Mitglied des administrativen Teams von Administrator und Redakteur. Der Autor kann keine Seiten erstellen und bearbeiten.
4. Der **Redakteur** ist der Stellvertreter des Administrators und hat somit sehr umfangreiche Rechte. Er kann Beiträge und Seiten verfassen und veröffentlichen. Er kann die Beiträge von Mitarbeitern veröffentlichen und auch die Beiträge von Autoren verändern. Der Redakteur kann alle abgegebenen Kommentare moderieren.
5. Der **Administrator** eines WordPress-Blogs kann alles, was auch Redakteure können. Zusätzlich dazu ist er der einzige, der das Aussehen und die Funktionalität des Blogs (Design bzw. Themes, Plugins, Einstellungen etc.) beeinflussen kann.

Um neue Benutzer zu registrieren, müssen Sie in den Menüpunkt *Benutzer / Hinzufügen* wechseln.

Abbildung: Einen neuen Benutzer hinzufügen

Geben Sie dann die benötigten Daten ein, wählen Sie die "Rolle" und bestätigen Sie dann Ihre Angaben mit einem Klick auf den Button "Neuen Benutzer hinzufügen".

Eine sehr praktische Möglichkeit besteht darin, dass WordPress die Zugangsdaten eines Benutzers diesem direkt nach der Registrierung an die angegebene E-Mail-Adresse zusendet – vergessen Sie also nicht diese Option zu aktivieren.

Als Administrator können Sie selbstverständlich auch jederzeit die Rechte der einzelnen Benutzer auf- und abwerten sowie die

2. Das Weblog anpassen

Angaben bearbeiten. Klicken Sie dafür beim Menüpunkt *Benutzer / Alle Benutzer* auf den verlinkten Benutzernamen bzw. den Link *Bearbeiten*, der erscheint, wenn Sie mit der Maus über den Benutzer fahren. Auf der damit aufgerufenen Seite haben Sie die Möglichkeit, die Angaben zum Benutzer (Ausnahme ist der Benutzername) zu ergänzen und seine Rolle zu ändern.

Wenn Sie lediglich die Rolle und damit die Rechte eines Benutzers ändern wollen, dann reicht es, im selben Menüpunkt zu bleiben, die Checkbox neben dem Benutzer zu aktivieren und unter *Rolle ändern in...* den gewünschten Status auszuwählen und dann auf *Wechseln* zu klicken.

Abbildung: Benutzerrechte (Rolle) ändern

Falls Sie ein Benutzerkonto löschen wollen, aktivieren Sie einfach in der Benutzerliste die entsprechende Checkbox, wählen Sie aus dem Dropdownfeld *Aktion wählen* den Punkt *Löschen* und klicken Sie anschließend auf *Übernehmen*.

Anschließend müssen Sie noch entscheiden, was mit den Beiträgen des Benutzers geschehen soll. Sie können sie entweder auch löschen oder sie einem anderen Benutzer übertragen.

Benutzer löschen

Du hast diesen Benutzer zum Löschen ausgewählt:

D #2: Rudi

Was soll mit den Beiträgen dieses Benutzers passieren?

◉ Alle Beiträge löschen.

◉ Eigenschaften aller Beiträge an: Administrator ▼

Löschen bestätigen

Abbildung: Ein Benutzerkonto löschen

Hinweis: Sie können einen Administrator nicht löschen, wenn dieser bzw. seine E-Mail-Adresse bei den Allgemeinen Einstellungen zu administrativen Zwecken angegeben ist.

3. Tipps & Tricks

3.1 Ein Backup erstellen

Eine der Pflichten eines Administrators ist es in regelmäßigen Abständen Backups, bzw. Sicherungskopien zu erstellen. Das ist zwar lästig und beansprucht etwas Zeit, aber mittlerweile ist es sehr einfach von einer WordPress-Installation ein Backup zu erstellen.

Dabei gibt es – wie fast überall – mehrere Wege, die zum Ziel führen können. Viele Nutzer bevorzugen das komplette Backup der MySQL-Datenbank und nutzen dafür zum Teil automatisierte Tools. Aber WordPress bringt auch zuverlässige Bordmittel mit, die in der Bedienung sehr einfach und effektiv sind.

Um ein Backup zu machen muss man sich zum Menüpunkt *Werkzeuge / Daten exportieren* begeben.

Abbildung: Daten exportieren, um ein Backup zu erstellen

Bei dem Export-Vorgang werden alle Beiträge, Seiten, Kommentare, Benutzerdefinierte Felder, Kategorien, Tags, Navigationsmenüs und benutzerdefinierte Inhaltstypen in einer Textdatei im xml-Format gespeichert.

Möchte man nicht alle Inhalte, sondern nur *Beiträge* exportieren, kann man diese noch filtern nach Kategorie, Autor, Zeitraum und Status. Es ist also möglich nur die Beiträge von Autor XY aus dem Jahr 2012 zu exportieren, um Sie evtl. in einem anderen Blog zu importieren o. ä.

3. Tipps & Tricks

Wählt man die Option *Seiten*, kann man auch hier nach Autor, Zeitraum und Status selektieren.

Für ein "übliches" Backup empfiehlt sich natürlich immer die Option *Alle Inhalte*.

Bestätigen Sie Ihre Auswahl einfach mit einem Klick auf den Button "Export-Datei herunterladen".

> **Hinweis:** Im nächsten Kapitel stellen wir Ihnen das Plugin BackWPup Free vor, mit dem Sie regelmäßig auch Datenbankbackups erstellen können.

Sollte jetzt der Fall eintreten, dass Sie das Backup benötigen, müssen Sie diese Datei einfach importieren.

Die Importfunktion finden Sie im Menüpunkt *Werkzeuge / Daten importieren*.

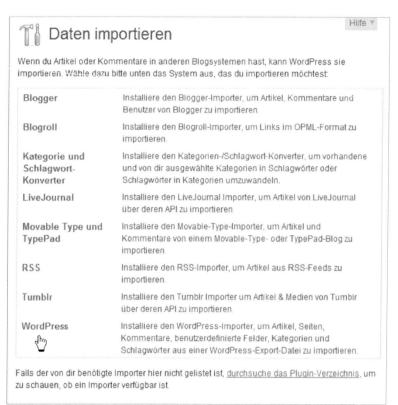

Abbildung: Daten importieren

Leider ist die Importfunktion standardmäßig nicht Bestandteil einer WordPress-Installation und man muss erst ein dafür benötigtes Plugin installieren. Das ist aber in weniger als 1 Minute erledigt und erfolgt natürlich auch nur ein Mal. Direkt im Anschluss erfolgt dann der Import der gewünschten Daten.

3.2 Mit WordPress umziehen

Beim Umzug einer Website bestehen grundsätzlich zwei

(Haupt-)Möglichkeiten. Entweder man zieht mit der gleichen Domain auf einen anderen Server bzw. zu einem anderen Anbieter um oder man zieht mit seinem Projekt auf eine andere Domain um.

Je nach dem um welchen Fall es sich handelt, müssen Sie unterschiedlich vorgehen.

3.2.1 Umzug mit gleicher Domain

Für den Umzug auf einen anderen Server müssen Sie alle Inhalte als Backup speichern aber auch alle Dateien des Ordners *wp-content*, denn hier befinden Sich ja z. B. alle Plugins, Themes und Uploads.

Installieren Sie danach WordPress auf dem neuen Server und überschreiben Sie den *wp-content*-Ordner mit ihrer Sicherheitskopie. Laden Sie außerdem ihre Backup-Datei über *Werkzeuge / Daten importieren* hoch.

Achten Sie bitte bei diesem Schritt darauf, dass der Ordner *wp-content/uploads/* beschreibbar ist.

Beim Upload der Datei werden Sie gefragt wie mit den Inhalten verschiedener Autoren verfahren werden soll. Dabei haben Sie drei Möglichkeiten:

1. Sie importieren den "kompletten" Benutzer, inkl. Rolle und Beiträge.
2. Sie importieren die Inhalte und weisen Sie einem neuen Benutzer zu.
3. Sie importieren die Inhalte und weisen Sie einem bereits bestehenden Nutzer zu.

Zusätzlich dazu können Sie hier auch Anhänge der Beiträge und Seiten, also Bilder und andere Dateien mit hoch laden. Hierbei holt sich ein Skript die Dokumente vom ursprünglichen Server und lädt sie auf den neuen hoch. Da wir in einem vorherigen Schritt jedoch die Bilder und Dateien, die sich im Ordner *wp-content/uploads* befinden schon selber auf den neuen Server hochgeladen haben und sich auch die Pfade (gleiche Domain) nicht ändern, kann man diesen Arbeitsschritt überspringen.

Nach dem Import-Vorgang gilt es noch die Einstellungen (z. B. Permalinks, Plugins etc.) anzupassen.

3.2.2 Umzug auf eine andere Domain

Falls Sie mit ihrem Projekt auf eine andere Domain umziehen möchten unterscheidet sich der vorhin beschriebenen Umzug mit der gleichen Domain lediglich in der Tatsache, dass man die die Export-Datei, bevor man sie im neuen Weblog importiert, kurz mit einem Texteditor bearbeitet.

Dabei müssen Sie alle Einträge www.alte-url.de durch www.neue-url.de ersetzen. Warum machen wir das? WordPress speichert alle internen Verweise innerhalb des Blogs – egal ob auf Beiträge oder z. B. Bilder – als absolute Pfade. Die Bilder und anderen Dokumente kann man innerhalb des Import-Vorgangs auf den neuen Server hochladen, aber die internen Verlinkungen auf die anderen Beiträge bleiben leider mit der alten Domain bestehen.

Durch die Bearbeitung im Texteditor spendieren wir allen internen Verlinkungen die neue Domain und dadurch sparen Sie sich auch das *Anhänge importieren*, was je nach Anzahl und Größe der Anhänge sehr lange dauern kann. Anschließend gilt es dieselben Einstellungen zu tätigen bzw. nachzuholen wie wenn man mit der gleichen Domain umzieht (Permalinks, Plugins etc.).

3.3 WordPress updaten (automatisch & manuell & selbständig)

Wenn es ein Update für Ihre WordPress-Installation gibt, werden Sie darüber automatisch im Backend von WordPress informiert. Eine Meldung im Kopfbereich fordert Sie zum Update auf.

Abbildung: Eine aktuellere WordPress-Version ist verfügbar

Zum Updaten klicken Sie einfach den Link *Bitte aktualisiere jetzt.* oder Sie gehen den Weg über das Menü *Dashboard / Aktualisierungen.*

Die verlinkte Version führt übrigens zum Codex von WordPress[20] und dort zur Seite über die aktuelle Version.

Im Update-Bereich haben Sie nun mehrere Möglichkeiten:

1. Die aktuelle Version automatisch updaten bzw. aktualisieren.
2. Das Programmpaket der aktuellen Version herunterladen.
3. Die Benachrichtigung über das Update ausblenden.

---

20 http://codex.wordpress.org

Abbildung: WordPress aktualisieren

3.3.1 WordPress automatisch updaten

Die naheliegendste Wahl ist es *Aktualisiere jetzt* zu wählen.

Dies führt Sie dann zu einem völlig unkomplizierten Update-Prozess, so wie Sie Ihn auch schon vom Update von Plugins und Themes kennen.

Achtung! Bevor Sie Ihre WordPress-Installation updaten denken Sie daran Ihre Daten zu sichern.

3.3.2 WordPress manuell updaten

Wenn Sie sich dafür entscheiden lediglich das Programmpaket herunterzuladen müssen Sie das Update manuell/halbautomatisch vornehmen.

3. Tipps & Tricks

Für diese Entscheidung kann es mehrere Gründe geben:

1. Zum einen könnte es sein, dass der Hoster durch bestimmte Server-Einstellungen die automatische Update-Funktion blockiert.
2. Zum anderen könnte es sein, dass Sie eine ältere WordPress-Installation (vor 2.7) aktualisieren müssen. Dabei kann es vorkommen, dass das automatische Update fehlschlägt.
3. Und zudem könnte es sein, dass Sie zu den Leuten gehören, die der Update-Funktion nicht wirklich trauen.

Aus welchen Gründen auch immer Sie sich also für ein manuelles Update entscheiden. Sie sollten wie folgt vorgehen:

1. Erstellen Sie ein Backup von den Dateien und dem Inhalt. Wer auf Nummer Sicher gehen will, macht natürlich auch einen Backup der Datenbank.
2. Deaktivieren Sie alle Plugins.
3. Löschen Sie alle WordPress-Dateien mit folgenden Ausnahmen: *wp-config.php* und *.htaccess-Datei*. Selbstverständlich muss man auch das eigene Theme und die Uploads im *wp-content-Ordner* belassen – also nicht löschen!
4. Laden Sie das neue WordPress-Paket per FTP auf Ihren Server hoch.
5. Rufen Sie im Browser die Update-Routine auf *.../wp-admin/upgrade.php*
6. Fertig: nun reaktivieren Sie Ihre Plugins. Prüfen, ob es in der Konfigurationsdatei, die Sie ja als *wp-config-sample.php* vorliegen haben, Aktualisierungen gab, die die Sicherheit erhöhen o. ä. und übertragen Sie diese in Ihre bestehende *wp-config.php*.

Dies ist zugegebener Maßen eine sehr ausführliche

Vorgehensweise, aber sie ist sicher.

Aus Erfahrung und aus der Beobachtung des offiziellen Forums in der Vergangenheit, weiß ich, dass ab und an Update-Probleme auftreten können, wenn man die Plugins nicht deaktiviert oder alte Dateien nicht löscht. Also lieber beim Update 3-5 Minuten mehr Zeit beim manuellen Update investieren, als nachher 30-45 Minuten bei der Fehlersuche zu verschwenden.

Falls es sich allerdings um ein kleineres Update handelt, das lediglich Fehlfunktionen und Sicherheitslücken ausbügelt und keine Änderungen an der Datenbank vornimmt (z. B. von 3.3.1 auf 3.3.2), dann kann man sich die obere Vorgehensweise getrost sparen und einfach das neue Paket via FTP über das alte "drüberbügeln".

Da es sich bei Ihrer WordPress-Installation um eine deutsche Version handelt bekommen Sie außerdem noch die Möglichkeit geboten Ihre Version auf die englische zu updaten. Das ist in der Regel jedoch nicht sinnvoll.

Nach einem Update werden einem übrigens seit der Version 3.3 die Neuerungen, die es gibt mit kleinen Hinweisen im Backend angezeigt.

3.3.3 WordPress updatet selbständig

Wenn Ihr Server und/oder Ihre WordPress-Installation so konfiguriert ist, dass Sie für Updates keine FTP-Zugangsdaten mehr eingeben müssen, dann wird es Sie wahrscheinlich freuen zu hören, dass Sie die völlig selbständige Update-Funktion von WordPress nutzen können, die es seit der Version 3.7 gibt.

Dabei updatet WordPress selbständig kleinere Versionssprünge, d. h. von Version 3.7 auf 3.7.1 oder dann auf 3.7.2, allerdings dann **nicht** auf 3.8!

Sie erhalten dann beim Einloggen lediglich eine Nachricht über das erfolgreiche Update. Sollte etwas schief gehen, werden Sie selbstverständlich auch informiert.

Selbstverständlich hat man auch die Möglichkeit diese Funktionalität von WordPress zu deaktivieren. Dafür reicht eine Zeile Code in der *wp-config.php*:

```
define( 'WP_AUTO_UPDATE_CORE', false );
```

Wer auf die automatischen Updates nicht vollständig verzichten möchte, sondern nur in bestimmten Fällen, der sollte sich den Artikel The definitive guide to disabling auto updates in WordPress 3.7[21] von Andrew Nacin anschauen.

3.4 WordPress sicherer machen

Auf einige Aspekte zur Erhöhung der Sicherheit Ihrer WordPress-Installation sind wir schon zu sprechen gekommen. An dieser Stelle möchte ich allerdings noch einmal alles gesammelt vorstellen und noch ein paar zusätzliche Tipps geben.

3.4.1 Datenbankpräfix ändern

Bereits im Kapitel 1 beim Installationsvorgang habe ich darauf hingewiesen, dass es sicherer ist das Standard-Präfix für die Datenbank-Tabellen (wp_) in einen individuellen Wert (z. B.

21 https://make.wordpress.org/core/2013/10/25/the-definitive-guide-to-disabling-auto-updates-in-wordpress-3-7/

`mein_blog_`) zu ändern. Bei einer bestehenden Installation empfiehlt sich diese Änderung nur für Nutzer die sich mit MySQL sehr gut auskennen.

3.4.2 Nutzername und Passwort absichern

Achten Sie bei der Wahl des Nutzernamens darauf einen individuellen Namen zu nehmen und wählen Sie ein sicheres bzw. starkes Passwort. Passwörter sollten mindestens 8 Zeichen lang sein und sowohl die Groß- und Kleinschreibung, Ziffern und Symbole wie ! " ? $ % ^ &) nutzen.

3.4.3 Automatische User-Registrierung deaktiviert lassen

Unter *Einstellungen / Allgemein* im Backend haben Sie die Möglichkeit, die Funktion *Jeder kann sich registrieren* zu aktivieren. Dadurch ermöglichen Sie den Besuchern Ihrer WordPress-Installation sich selbständig als Abonnent (registrierter Leser) zu registrieren. Leider war diese Funktion in der Vergangenheit ein paar Mal das Ziel von Angriffen, so dass ich Ihnen empfehlen würde, die automatische Registrierung deaktiviert zu lassen.

3.4.4 Mit Limit Login Attempts Login-Versuche beschränken

Mit dem Plugin Limit Login Attempts[22] können Sie die Login-Versuche für den Admin-Bereich beschränken und dabei auch verschleiern lassen, ob der Nutzername oder das Passwort falsch waren.

---

22 http://wordpress.org/extend/plugins/limit-login-attempts/

3. Tipps & Tricks

Einstellungen		
Sperrung	4	erlaubte Anmeldeversuche
	20	Minuten Sperrung nach Überschreiten der zulässigen Anmeldeversuche
	4	Sperrungen erhöhen die insgesamte Sperrzeit um 24 Stunden
	12	Stunden bis fehlgeschlagene Anmeldeversuche zurückgesetzt werden
Verbindungsweg zu dieser Webseite		Der Zugriff auf diese Webseite erfolgt auf direktem Weg (von Ihrer IP: ▇▇▇) ● Direkte Verbindung ○ Über einen Reverse Proxy Server
Anmeldungen via Cookies berücksichtigen		● Ja ○ Nein
Benachrichtigung im Falle einer Sperrung		☑ IP protokollieren ☐ Email an den Administrator nach 4 Sperrungen

Abbildung: Einstellungsmöglichkeiten des Plugins Limit Login Attempts

Mit der Aktivierung dieses Plugins steigern Sie die Sicherheit Ihrer WordPress-Installation um ein Vielfaches, da dadurch die automatischen Angriffe (engl. Brute Force[23]) extrem verlangsamt werden.

Falls es Sie stören sollte, dass Limit Login Attempts seit über zwei Jahren nicht mehr aktualisiert wurde, dann können Sie stattdessen auf das Plugin Login LockDown[24] zurückgreifen, welches eine ähnliche Funktionalität bietet

Weitere Tipps wie man seine WordPress-Installation absichern kann liefert der Kollege Sergej Müller[25].

3.5 Die Performance optimieren

Im folgenden gibt es ein paar Tipps, mit denen man die Performance seiner WordPress-Website verbessern kann. Klar,

---

23 http://de.wikipedia.org/wiki/Brute-Force-Methode
24 https://wordpress.org/plugins/login-lockdown/
25 http://playground.ebiene.de/954/adminbereich-in-wordpress-schuetzen/

dass sind einige und nicht alle Tipps. Aber auch hier gilt die 80:20-Regel[26]: mit 20% der Maßnahmen erreicht man 80% der Effekte. In diesem Abschnitt geht es um Maßnahmen, die auch ein weniger erfahrener Nutzer umsetzen kann und die dennoch eine hohe Wirkung entfalten können.

3.5.1 Bilder und Videos im Inhalt

Logisch, ein guter Beitrag beinhaltet nach Möglichkeit aussagekräftige Bilder und falls vorhanden auch Videos bzw. Screencasts. Das hilft dem Leser und wird auch von den Suchmaschinen honoriert. Hierbei verbirgt sich ein hohes Optimierungspotential und hier kann auch ein Nutzer der keine Admin-Rechte hat mithelfen.

Im Beitrag "Die großen Performance-Bremsen im Frontend 2[27]" habe ich ausführlich erklärt, wie man die Bilder in Beiträgen optimieren kann und worauf man achten sollte. Im Prinzip sollte man das passende Format wählen, in der Regel PNG vs. JPG, abwägen zwischen einer verkleinerten Gesamtgrafik oder einem Ausschnitt und auf einen vernünftigen Bildoptimierer zurückgreifen. Es muss nicht immer Photoshop sein. Auch Freeware wie IrfanView[28] & Co. liefern sehr gute Ergebnisse.

---

26 http://de.wikipedia.org/wiki/Paretoprinzip
27 www.perun.net/?p=1935
28 www.perun.net/?p=3361

3. Tipps & Tricks

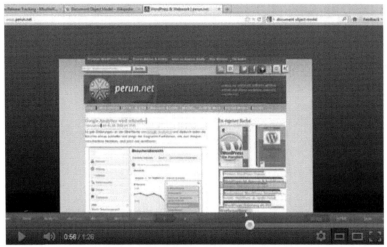

Abbildung: Vorschau-Bild anstatt Video-iframe

Videos kann man auf zwei Wegen sparsamer einbinden. Entweder indem man auf das Plugin WP YouTube Lyte[29] zurückgreift – hier wird ein Vorschaubild eingebunden und erst auf den zweiten Klick das Video abgespielt – oder in dem man manuell ein Screenshot des abspielenden Videos erstellt und im Beitrag einbindet und auf das Video verlinkt. So habe ich das in der Abbildung oberhalb dieses Absatzes gemacht.

3.5.2 Template-Dateien ausmisten

Auch im Theme und bei den einzelnen Template-Dateien kann man einiges erreichen. Als erstes sollte man schauen, dass man auf die CSS-Datei per link und nicht per @import verweist. Die link-Lösung ist performanter[30].

Nicht mehr benötigte CSS-Regeln sollte man entfernen. Hierbei

---

29 www.perun.net/?p=3340
30 www.stevesouders.com/blog/2009/04/09/dont-use-import/

kann das Tool CSS Usage[31] helfen. Darüber hinaus sollte man schauen, ob man die Regeln in Kurzschreibweise notieren kann. Aus...

```
.inhalt {
    font-weight: bold;
    font-size: 1.2em;
    font-family: verdana, arial, sans-serif;
    margin-top: 10px;
    margin-right: 12px;
    margin-bottom: 15px;
    margin-left: 5px;
    color: #333333;
}
```

... wird dann folgendes...

```
.inhalt {
    font: bold 1.2em verdana, arial, sans-serif;
    margin: 10px 12px 15px 5px;
    color: #333;
}
```

Man kann auch die gleichen Deklarationen zusammenfassen. Aus...

```
.sidebar {
    padding: 1em;
    margin-top: 2em;
    font-size: 14px;
}
```

---

31 www.perun.net/?p=3440

```
.zusatz-sidebar {
    padding: 1em;
    margin-top: 2em;
    font-size: 14px;
}
```

... wird dann...

```
.sidebar, .zusatz-sidebar {
    padding: 1em;
    margin-top: 2em;
    font-size: 14px;
}
```

Gibt es in der *functions.php* und der *.htaccess* Anweisungen, die nicht mehr notwendig sind? Dann raus damit ... evtl. in eine Textdatei, die als Archiv für schon mal benutze Code-Fragmente dient.

3.5.3 Vernünftiger Umgang mit Plugins und Social-Dingens

Generell sollte man bei der Einbindung von Plugins sparsam vorgehen und sich kritisch hinterfragen: Brauche ich das Plugin wirklich? Und falls ja: gibt es sparsamere Alternativen?

Manche Plugins, wie das Get Recent Comments[32] cachen die Ausgabe und davon sollte man auf jeden Fall Gebrauch machen. Im Beitrag "Welches Plugin bremst die Seite aus?"[33] habe ich P3 (Plugin Performance Profiler) vorgestellt. Dieses Plugin zeigt auf welche Plugins, die meisten Ressourcen beanspruchen.

---
32 http://wordpress.org/extend/plugins/get-recent-comments/
33 www.perun.net/?p=3608

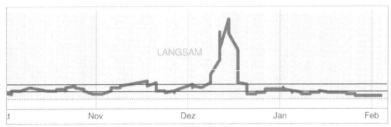

Abbildung: Wie sich Performance einer Website verbessern kann wenn man die Social-Buttons entfernt

In den beiden Beiträgen "Performance Optimierung: dynamische vs. statische Buttons, was sagt Google dazu?"[34] und "Facebok: Like-Box entfernen & Website beschleunigen"[35] habe ich gezeigt, wie sich die Einbindung von den sozialen Netzwerken bzw. Social-Buttons auf die Performance der Website auswirken kann.

Durch die Einbindung von zusätzlichen Javascripten, CSS, Grafiken und iframes haben diese Dienste ein hohes Potential um die Website auszubremsen. Hier muss jeder Webmaster für sich selber entscheiden: ist ihm die Performance oder die zusätzliche soziale Reichweite wichtiger.

3.5.4 Komprimieren und besser Cachen

Auf Ihrem Server läuft Apache 2 und Sie haben Zugriff auf die *.htaccess*? Dann einfach folgendes in die Datei eintragen:

```
# mod_deflate (gzip) aktivieren
<FilesMatch "\\.(js|css|html|htm|php|xml)$">
SetOutputFilter DEFLATE
</FilesMatch>
```

---

[34] www.perun.net/?p=3546
[35] www.perun.net/?p=2789

```
# ExpiresHeader: verhindert bedingte GET-Anfragen
<IfModule mod_expires.c>
ExpiresActive on
ExpiresDefault "access plus 35 days"
</IfModule>
```

Der erste Block aktiviert auf dem Apache 2 die Komprimierung (gzip) und es werden alle relevanten Textdateien komprimiert. Grafiken muss man hier nicht aufnehmen, da man diese ja schon mit einem vernünftigen Grafikprogramm komprimiert hat ... das würde nur unnötig den Server belasten.

Der zweite Block verpasst den Dateien im Cache eine zusätzliche Information, so dass der Server die Dateien aus dem Cache direkt lädt ohne noch einmal mit dem Server zu kommunizieren. Siehe auch "WordPress-Websites beschleunigen 4: ein Zwischenergebnis"[36].

3.5.5 Helfende Plugins

Nach dem Sie die oberen Maßnahmen schon umgesetzt haben, können Sie eines der vielen Caching-Plugins installieren. Ich persönlich bevorzuge Hyper Cache[37] für meine Projekte und finde das neue Cachify von Sergej Müller[38] empfehlenswert. Beide sind recht schlank gehalten im Gegensatz zu so Optionsmonstern wie es W3-Cache oder WP-Super-Cache sind.

3.5.6 Fazit zum Thema Performance

Sicherlich, es gibt noch einige weitere Maßnahmen, die man auf

---

36 www.perun.net/?p=1549
37 http://wordpress.org/extend/plugins/hyper-cache/
38 http://cachify.de

dem Server oder in der Datenbank durchführen kann. Viele haben aber hierbei kaum Einfluss, da nur wenige einen eigenen Server haben und vor allem eignen sich diese Maßnahmen nur für sehr erfahrene Nutzer.

Es gibt allerdings eine Reihe von Tools, die einem hilfreich zu Seite stehen: GTmetrix[39], Page Speed Online[40], Firebug[41], YSlow[42] und Pingdom[43]. Die zeigen Ihnen nicht nur die Werte sondern geben, wie z. B. YSlow und Page Speed, auch **nützliche Tipps**.

Allerdings muss man bei diesen Tipps ebenfalls Augenmaß behalten und schauen welche Tipps für einen persönlich sinnvoll sind und welche Sie leicht umsetzen können. Diese Tools meckern häufig über nicht gezippte oder schlecht gecachte Javascripte ... handelt es sich um Scripte von externen Diensten (z. B. Google Analytics), dann hat man eben keinen Einfluss darauf.

Ebenfalls wird recht schnell empfohlen, dass man die statischen Komponenten, wie z. B. Grafiken und CSS auf einen sog. CDN[44] auslagert, damit so viele Komponenten wie möglich parallel geladen werden. Diese Auslagerung lohnt sich auf jeden Fall für sehr große Seiten, wie es Amazon, Spiegel.de & Co. sind.

Ich habe drei Versuche unternommen und habe Komponenten von unseren Projekten auf eine andere Domain ausgelagert und die Performance-Gewinne waren minimal und standen in keinem Verhältnis zu der zusätzlichen Verwaltung.

---

39 www.perun.net/?p=3629
40 www.perun.net/?p=2855
41 www.perun.net/?p=2765
42 http://developer.yahoo.com/yslow/
43 http://tools.pingdom.com/fpt/
44 http://de.wikipedia.org/wiki/Content_Distribution_Network

4. Nützliche Plugins

In den vorherigen Kapiteln haben Sie bereits einige nützliche Plugins für WordPress kennen gelernt. In diesem Kapitel werden sie einige weitere Plugins kennen lernen, die Ihnen als Administrator hilfreich zu Seite stehen.

4.1 Plugins und Sicherheit

Plugins sollte man generell nur mit Bedacht einsetzen und nicht nach dem Motto "Viel hilft viel." Das hat zwei Gründe:

1. Je mehr Plugins Sie einsetzen, desto höher ist die Wahrscheinlichkeit, das sich diese untereinander in die Quere kommen und/oder das System verlangsamen.
2. Die allermeisten Plugins stammen von "Drittanbietern". Viele dieser Autoren sind erfahrene Programmierer, aber da es vergleichsweise einfach ist, ein WordPress-Plugin zu entwickeln, erstellen auch viele ambitionierte Feierabend-Programmierer die Erweiterungen und hierbei entsteht ein mögliches Sicherheitsrisiko. Es ist nämlich eine Sache, eine Funktion zu skripten, es ist aber eine ganz andere Sache, dies auch sicher zu machen.

Achten Sie also darauf nur Plugins einzusetzen, die Sie wirklich nutzen und nehmen Sie – wenn irgend möglich – ein Plugin aus dem offiziellen Verzeichnis[45]. Hier muss sich der Autor registrieren, das Plugin hochladen und der Code ist nun für jeden, der sich auf der offiziellen Seite befindet, sichtbar. Ist irgendetwas an dem Plugin bzw. seinem Code nicht in Ordnung, dann wird das früher oder später jemandem aus der großen

---

45 hwordpress.org/plugins/

Community auffallen.

Die Anzahl der Downloads, die Anzahl und die Qualität der Bewertungen geben Ihnen zusätzliche Anhaltspunkte. Flankiert wird dies dadurch, dass man auf der Übersichtsseite des jeweiligen Plugins die letzten zehn Forenbeiträge sehen kann, die sich auf diese Erweiterung beziehen. So kann man auf eventuelle Fehler in der Erweiterung aufmerksam werden.

4.2 User Role Editor

Wem die Benutzerverwaltung von WordPress nicht ausreicht, der kann unter anderem auf das Plugin User Role Editor[46] ausweichen.

Abbildung: User Role Editor

Nach der Aktivierung der Erweiterung findet man unter em>Benutzer den neuen Menüpunkt *User Role Editor*. Man kann bei den bestehenden Benutzergruppen die einzelnen

---

46 wordpress.org/plugins/user-role-editor/

Rechte gezielt de-/aktivieren oder neue Gruppen von Benutzern erstellen. Genau so ist es möglich auch zusätzliche Rechte bzw. Fähigkeiten zu definieren und sie gezielt den einzelnen Benutzern zuzuweisen.

4.3 Limit Login Attempts

Das Plugin Limit Login Attempts[47] haben Sie bereits im vorherigen Kapitel kennengelernt. Mit dieser Erweiterung sichern Sie Ihre WordPress-Installation ab, indem Sie die Anzahl der erfolglosen Login-Versuche in einem bestimmten Zeitraum begrenzen.

4.4 BackWPup Free

Mit dem Plugin BackWPup Free[48] haben Sie die Möglichkeit umfangreiche Backups Ihrer WP-Installation zu erstellen. Das Plugin bietet sehr viele Möglichkeiten, vor allen Dingen auch das automatisierte Erstellen von Backups, ist dabei aber sehr bedienerfreundlich.

Sie können zum einen Backups erstellen bzw. eine Installation mit Hilfe eines Backups wieder herstellen, aber Sie können auch -- und das ist vielleicht mit das interessanteste -- Backups planen. Diese Backups werden dann automatisch erstellt, so dass Sie sich über ein aktuelles Backup keine Sorgen mehr machen müssen.

Beim Erstellen bzw. Planen dieser Backups können Sie nicht nur festlegen was gesichert werden soll sondern auch wohin und wann.

---

47 wordpress.org/plugins/limit-login-attempts/
48 wordpress.org/plugins/backwpup/

Folgende Möglichkeiten hat man:
1. Datenbank Backup
2. Dateien Backup
3. WordPress XML Export
4. Liste der installierten Plugins
5. Datenbank-Tabellen prüfen

Aber wohin dann mit den Daten? Wie wäre es mit diesen Möglichkeiten:

1. Backup in Ordner
2. Backup als E-Mail versendet
3. Backup zu FTP
4. Backup in die Dropbox
5. Backup zu einem S3 Service
6. Backup zu Microsoft Azure (Blob)
7. Backup in die Rackspace Cloud
8. Backup zu SugarSync

Zusätzlich dazu kann man natürlich den Zeitpunkt des Backups bestimmen, die Häufigkeit und ob man per E-Mail ein Protokoll über den Backup erhalten möchte.

Die ganzen Möglichkeiten, die Ihnen das Plugin bietet können auch unterschiedlich kombiniert werden und dann in sogenannten Aufträgen gespeichert werden. So könnten Sie z. B. folgende Aufträge anlegen:

1. Jeden ersten Montag im Monat wird eine Liste der installierten Plugins als E-Mail an mich versendet.
2. Alle zwei Wochen wird Montags um 6:30 Uhr ein Datenbank-Backup in meine Dropbox gespeichert.

Die Möglichkeiten sind wirklich vielfältig und es solte nicht vergessen werden, dass man natürlich jederzeit auch manuell ein Backup starten kann.

4.5 AddQuicktag

Das Plugin AddQuicktag[49] eignet sich insbesondere für Websites, bei denen Artikel und/oder Seiten verfasst werden, die spezielle bzw. immer wiederkehrende Tags nutzen.

Nach der Installation findet man beim Menüpunkt *Einstellungen* den Unterpunkt *AddQuicktag*. Hier können neue Quicktags angelegt werden oder bestehende bearbeitet oder gelöscht werden.

Abbildung: Quicktags verwalten

Die so erstellten Quicktags finden Sie dann als zusätzliche Buttons im HTML-Editor und auf Wunsch auch im Visuellen Editor.

Wenn Sie ganze Textbausteine speichern möchten, sollten Sie sich einmal das Plugin Post Snippets[50] anschauen, das auf

---
49 wordpress.org/plugins/addquicktag/
50 wordpress.org/plugins/post-snippets/

perun.net näher beschrieben[51] ist.

4.6 Antispam Bee

Durch die Funktion "muss jeder Kommentar von einem Administrator überprüft werden" in "Einstellungen / Diskussion", die standardmäßig aktiv ist bietet WordPress bereits eine sehr wichtige Maßnahme, damit Kommentar-Spam nicht veröffentlicht wird. In der "Kommentarmoderation" und der "Kommentar-Blacklist" können Sie Eingaben tätigen, die wenn Sie im Kommentar auftauchen, dazu führen, dass der Kommentar automatisch in die "Warteschlange" verschoben wird oder im Fall von "Kommentar-Blacklist" der Selbige sofort gelöscht wird.

Allerdings werden Sie früher oder später nicht umhin kommen einen Anti-Spam-Plugin zu installieren. Sehr gute Arbeit leistet hierbei das Plugin Akismet. Leider ist diese Erweiterung in Bezug auf den Datenschutz[52] nicht ganz unproblematisch.

Mindestens genau so leistungsfähig, aber unproblematisch in Sachen Datenschutz ist das Plugin Antispam Bee[53] von Sergej Müller.

---

51 www.perun.net/?p=3425
52 blog.wpde.org/?p=924
53 www.perun.net/?p=7345

4. Nützliche Plugins

Abbildung: Sinnvolle Einstellungen für Antispam Bee

In der oberen Abbildungen sehen Sie die Plugin-Einstellungen aus einem meiner Projekte. Wichtig ist, dass man sowohl die öffentliche als auch die lokale Spam-Datenbank berücksichtigt. Damit vor allem die lokale Spam-Datenbank ordentliche Erkennungsraten beisteuert, darf man den Ordner mit den Spam-Kommentaren nicht leeren ... je voller dieser ist, umso bessere Ergebnisse kann Antispam Bee liefern.

4.7 Contact Form 7

Kaum eine WordPress-Installation ohne Kontaktformular. Und wenn das Theme dieses nicht bietet, dann ist wohl das am meisten genutzte Plugin Contact Form 7[54]. Ein wirklich empfehlenswertes Plugin, das viele Möglichkeiten bietet.

54 wordpress.org/plugins/contact-form-7/

Zum einen kann man kinderleicht ein einfaches Kontaktformular erstellen, zum anderen bietet es aber auch Möglichkeiten für ausgefallene bzw. sehr umfangreiche Formulare.

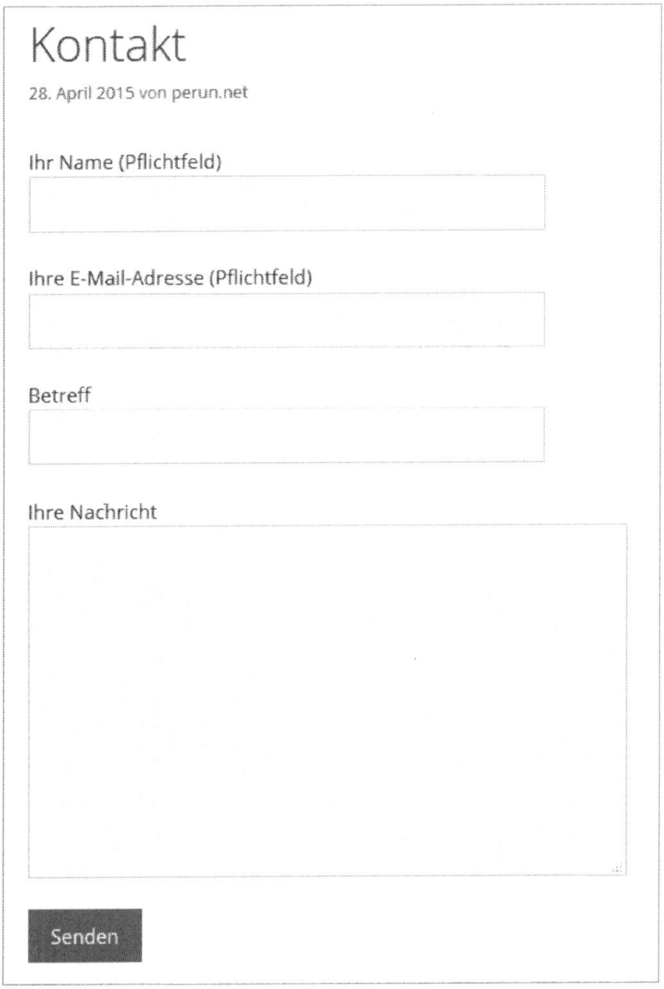

Kontakt

28. April 2015 von perun.net

Ihr Name (Pflichtfeld)

Ihre E-Mail-Adresse (Pflichtfeld)

Betreff

Ihre Nachricht

Senden

Standard-Kontaktformular

4. Nützliche Plugins

Eine gute Dokumentation, auch über die Anpassung der Formulare mit Hilfe von CSS findet man auf der Website Contact Form 7[55].

4.8 Der Alleskönner: Jetpack

Eine sehr interessante Alternative zu vielen Plugins ist Jetpack[56]. Dabei handelt es sich um ein Plugin, das viele verschiedene Features beinhaltet, mit denen man seine WordPress-Installation anpassen bzw. erweitern kann.

Zu den Features, die ständig erweitert werden, gehören u. a.

- Besucherstatistik
- E-Mail-Abonnements für Besucher
- Kommentarfunktion über soziale Netzwerke
- Einfaches Kontaktformular
- Integration verschiedener sozialer Netzwerke
- CSS-Editor zum Anpassen des Themes ohne die eigentlichen Theme-Dateien zu bearbeiten.
- Ein mobiles Theme
- verschiedene Galerie-Typen (Mosaik, Kreise, Quadrate, Slideshow)
- Widgets anpssen, so dass sie nur auf bestimmten Seiten sichtbar sind
- Verknüpfung mit dem eigenen Google+-Profil

Es gab und gibt allerdings auch immer wieder Bedenken gegen den Einsatz dieses Allrounders. Zu unrecht, wie wir finden. Der Artikel WordPress-Jetpack: Datenschutz und Performance[57] beleuchtet die Chancen und Risiken, die Jetpack seinen Nutzern

---

55 contactform7.com
56 wordpress.org/plugins/jetpack/
57 www.perun.net/?p=8011

bietet.

WordPress-Anleitung für Autoren & Redakteure

1. Benutzergruppen in WordPress – die Schnellübersicht

Das Redaktionssystem WordPress unterscheidet (in der Standard-Installation) fünf Benutzergruppen. In aufsteigender Reihenfolge sind dies die folgenden:

Während **der Abonnent** sich lediglich anmelden und sein eigenes Profil verwalten kann, hat er keinerlei inhaltlichen Einfluss auf den Blog. In manchen Blogs muss man jedoch Abonnent sein, um Beiträge kommentieren zu können.

Der **Mitarbeiter** kann lediglich Beiträge verfassen, diese aber nicht veröffentlichen.

Der **Autor** ist ein selbständiger Mitarbeiter, der eigene Beiträge (inklusive Bild-, Audio- und Videomaterial) verfassen und veröffentlichen kann. Kommentare, die seine eigenen Beiträge betreffen, kann er moderieren. Er nimmt somit eine wichtige Rolle bei der Beisteuerung von Inhalten wahr, ist aber kein Mitglied des administrativen Teams von Administrator und Redakteur.

Der **Redakteur** ist der Stellvertreter des Administrators und hat somit sehr umfangreiche Rechte. Er kann Beiträge und Seiten verfassen und veröffentlichen. Er kann die Beiträge von Mitarbeitern veröffentlichen und auch die Beiträge von Autoren verändern. Der Redakteur kann alle abgegebenen Kommentare moderieren.

Der **Administrator** eines WordPress-Blogs kann alles, was auch Redakteure können. Zusätzlich dazu ist er der einzige, der das Aussehen und die Funktionalität des Blogs (Design bzw. Themes, Plugins, Einstellungen etc.) beeinflussen kann.

Diese Kurz-Dokumentation zeigt Ihnen, wie Sie als Redakteur einen Beitrag verfassen bzw. veröffentlichen können.

Außerdem erfahren Sie einige Tipps und Abkürzungen zum komfortablen Erstellen und Bearbeiten von Beiträgen sowie Hinweise zum Umgang mit Kommentaren.

2. Einen Beitrag erstellen und veröffentlichen

Um einen Beitrag in WordPress zu verfassen, müssen Sie sich nach dem Einloggen auf die Unterseite "Neuen Beitrag erstellen" (links in der Navigation: *Beiträge / Erstellen*) begeben.

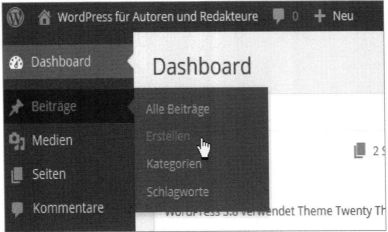

Abbildung: Einen neuen Beitrag über die linke Navigation erstellen

Hinweis: Falls Sie die Website im ausgeloggten Zustand besuchen und es keinen Direktlink zum Einloggen auf der Seite selber gibt, rufen Sie einfach die Webadresse *www.meine-website.de/wp-login.php* oder *www.meine-website.de/wp-admin/* auf um zum Login-Bereich zu gelangen.

Sie erreichen die Unterseite auch über das Dropdown-Menü

der sogenannten Adminleiste am Kopfende der Seite. Fahren Sie dafür mit der Maus über den Link "+ Neu" und wählen Sie dann "Beitrag" aus.

Abbildung: Einen neuen Beitrag über die Adminleiste erstellen

In jedem Fall gelangen Sie in den Unterbereich *Neuen Beitrag erstellen*. Hier liegt an zentraler Stelle der Editor. Hier werden die Beiträge verfasst und formatiert. Sie können den Editor entweder im WYSIWYG- oder im Text-Modus (früher HTML-Modus) verwenden.

Sie können zwischen den beiden Modi (Visuell bzw. Text) wechseln, indem Sie auf den jeweiligen Reiter oben rechts am Rand des Editors klicken.

Abbildung: Der WordPress-Editor

2. Einen Beitrag erstellen und veröffentlichen

> **Hinweis:** Die Abkürzung "WYSIWYG" steht für "What You See Is What You Get" und bedeutet, dass Sie im Editor den Beitrag (fast) genau so sehen, wie er auch später nach der Veröffentlichung aussieht. Man spricht in diesem Zusammenhang auch von einem "visuellen Editor", im Gegensatz zu einem Code-Editor.

Welchen Editor Sie nutzen möchten hängt alleinig von Ihren Vorlieben ab. Wenn Sie über Vorkenntnisse im Bereich HTML verfügen, empfiehlt es sich den Text-Editor zu nutzen, da Sie hier eine wesentlich bessere, weil genauere Möglichkeit haben Ihren Text zu formatieren.

Seit der Version WordPress 4.2 wird auch die Darstellung von Emojis[58] unterstützt und zwar nicht nur in Beiträgen und auf Seiten, sondern auch in den Überschriften derselbigen, in Kommentaren, aber auch bei Kategorie-Namen und Schlagwörtern.

2.1 Arbeiten mit dem Text-Editor

Zunächst einmal sollten Sie folgendes über die Arbeit mit dem Text-Editor wissen:

Der Editor erzeugt automatisch einen Zeilenumbruch (`<br />`), wenn man die `Enter`-Taste einmal drückt.

Wenn man nach einem Satz die `Enter`-Taste zwei Mal drückt, erzeugt der Text-Editor in der (X)HTML-Ausgabe einen richtigen Absatz (`<p></p>`).

Um eine bessere Übersichtlichkeit des Web-Textes zu erreichen, sollte man den Zeilenumbruch äußerst sparsam

---
[58] de.wikipedia.org/wiki/Emoji

einsetzen und stattdessen lieber den Text durch ausreichend viele Absätze "auflockern".

2.1.1 Text formatieren

Wenn Sie nun einen Text in den Editor eingeben stehen Ihnen standardmäßig die folgenden Formatierungsmöglichkeiten bzw. HTML-Tags in der sog. Quicktag-Leiste zur Verfügung:

Abbildung: Die Quicktag-Leiste des Text-Editors

1. **b** (steht für engl. bold) = Der mit diesem Tag ausgezeichnete Abschnitt wird fett formatiert.
2. *i* (engl. italic) = Der hiermit ausgezeichnete Abschnitt wird als wichtig hervorgehoben bzw. kursiv formatiert.
3. link = Hiermit fügt man einen Link ein.
4. b-quote = Hiermit wird ein Abschnitt als Zitat ausgezeichnet.
5. ~~del~~ (delete) = überholten bzw. alten Inhalt kennzeichnen
6. ins (insert) = neuen bzw. aktuellen Inhalt kennzeichnen (Gegenstück zu del)
7. img (image) = Hiermit kann man ein Bild (image) einfügen.
8. ul (unnumbered list) = eine Aufzählungsliste einleiten
9. ol (ordered list) = eine nummerierte Liste einleiten
10. li (list) = einen Listenpunkt innerhalb einer Aufzählungs- oder einer nummerierten Liste einfügen
11. code = ein Code-Beispiel kennzeichnen
12. more = Der "weiterlesen..."-Link trennt den Text in eine Einleitung (engl. Teaser) und den Rest.
13. Tags schließen = alle offenen Tags werden geschlossen
14. Vollbild = öffnet den Editor im Vollbildmodus

2. Einen Beitrag erstellen und veröffentlichen

Generell gilt, dass Sie zwei Möglichkeiten haben, die Tags einzufügen:

Entweder Sie klicken den gewünschten Tag an, z. B. *b*, es erscheint der öffnende Tag , Sie schreiben Ihren Text und schließen den Tag mit einem erneuten Klick auf das *b* oder auf den Button "Tags schließen". Es erscheint nun der schließende Tag .

Oder Sie markieren einen Textabschnitt oder ein Wort und klicken dann den gewünschten Button an, z. B. *b*. Der öffnende und der schließende Tag werden dann automatisch vor und hinter dem markierten Bereich eingefügt. Beide Varianten führen zu folgendem Ergebnis:

```
<strong>Dieser Abschnitt ist sehr wichtig.</strong>
```

2.2 Arbeiten mit dem Visuellen Editor

Das Verhalten des Visuellen Editors ist in Bezug auf die Zeilenumbrüche etwas anders als in der HTML-Ansicht.

Hier genügt es einmal die `Enter`-Taste zu betätigen um einen Absatz (`<p></p>`) zu generieren. Möchte man einen Zeilenumbruch generieren, dann muss man – so wie in Word – die Tastenkombination `Shift + Enter` drücken.

2.2.1 Text formatieren

Der Text in der Textbox des Visuellen Editors kann mit den Buttons, die sich im oberen Bereich der Textbox befinden, formatiert werden. Folgende Möglichkeiten stehen Ihnen dabei zur Verfügung:

Abbildung: Formatierungsleiste (obere Reihe)

1. Der entsprechende Abschnitt wird als sehr wichtig hervorgehoben bzw. fett formatiert.
2. Der entsprechende Abschnitt wird als wichtig hervorgehoben bzw. kursiv formatiert.
3. Der entsprechende Abschnitt wird ~~durchgestrichen~~.
4. Der entsprechende Abschnitt stellt eine Aufzählungsliste dar.
5. Der entsprechende Abschnitt stellt eine nummerierte Liste dar.
6. Der entsprechende Abschnitt wird als Zitat gekennzeichnet.
7. Linksbündiger Absatz.
8. Zentrierter Absatz.
9. Dieser Absatz wird rechtsbündig.
10. Einen Link einfügen/ändern.
11. Einen Link entfernen.
12. Der "weiterlesen..."-Link. Trennt den Text in eine Einleitung (engl. Teaser) und den Rest.
13. Dieser Button erweitert die Formatierungsleiste des visuellen Editors, wie man schön in der nächsten Abbildung sehen kann.
14. Mit diesem (optisch etwas abgesetztem) Button aktivieren Sie den Modus für das ablenkungsfreie Schreiben.

Abbildung: Formatierungsleiste (untere Reihe)

1. In der Auswahlliste mit dem Namen "Absatz" befinden sich neun Auswahlmöglichkeiten, mit denen Sie den Inhalt kennzeichnen können: Absatz, Überschriften etc.

2. Einen Beitrag erstellen und veröffentlichen

2. Dieser Textabschnitt wird unterstrichen. Sie sollten allerdings auf diese Auszeichnung/Formatierung verzichten, da im Web ein unterstrichener Text einen Link symbolisiert. Der Nutzer ist dann evtl. irritiert, wenn manche "Links" anklickbar sind und manche wiederum nicht.
3. Der entsprechende Textabschnitt bekommt einen Blocksatz. Denken Sie bitte daran, dass es im Web bzw. (X)HTML und CSS keine Silbentrennung gibt und der Blocksatz durch vergrößerte Leerzeichen simuliert wird. Dies kann zu unschönen Lücken im Text führen.
4. Mit diesem Knopf bestimmen Sie die Textfarbe.
5. Einen unformatierten Text einfügen. Hier werden die Formatierungen aus der ursprünglichen Quelle nicht übernommen. Sehr wichtig, wenn Sie Texte aus einer Textverarbeitung (z.B. Word oder OpenOffice), aber nicht deren Formatierung aus dem Programm übernehmen möchten. Dies entspricht der Funktion "unformatierten Text einfügen" aus MS Word.
6. Unter dem Knopf mit dem Radiergummi-Symbol verbirgt sich eine Funktion, die Formatierungen für einen Textabschnitt nachträglich entfernt.
7. Hinter dem Button mit dem Omegasymbol verbirgt sich eine sehr hilfreiche Funktion. Hier haben Sie die Möglichkeit, ganz einfach und komfortabel Sonderzeichen einzufügen.
8. Einzug zurück.
9. Einzug vor.
10. Einen Bearbeitungsschritt zurück.
11. Ein Schritt in der Bearbeitung vor.
12. Die Hilfe.

Hinweis: Wenn Sie in Ihren Beitrag formatierten Text aus

> einer anderen Anwendung einfügen möchten, z. B. aus MS Word, so wird ein Großteil der Formatierungen übernommen, wenn Sie den Text per Copy & Paste in den Visuellen Editor einfügen.

Die Funktionen der einzelnen Buttons sind selbst erklärend und die Symbole entsprechen denen aus gängigen Textverarbeitungs- oder E-Mail-Programmen (erweiterte Ansicht) bzw. anderen CMS.

Fähigkeiten des Editors, die einer Erklärung bedürfen – wie z. B. Links und Dateien einfügen – werden im Folgenden näher erläutert. Sie gelten sowohl für das Arbeiten mit dem HTML- wie auch mit dem Visuellen Editor.

Tastaturkürzel

Während der Arbeit mit dem Visuellen Editor können Sie auf Tastaturkürzel zurückgreifen.

englisch	Tastaturkürzel	deutsch
Advanced Editor	Alt+SHIFT+z	Werkzeugleiste ein/aus
Align Left	Alt+SHIFT+l	linksbündig
Align Center	Alt+SHIFT+c	zentriert
Align Right	Alt+SHIFT+r	rechtsbündig
H1 Header	Alt+Shift+1	Überschrift 1
H2 Header	Alt+Shift+2	Überschrift 2
H3 Header	Alt+Shift+3	Überschrift 3
H4 Header	Alt+Shift+4	Überschrift 4
H5 Header	Alt+Shift+5	Überschrift 5

2. Einen Beitrag erstellen und veröffentlichen

H6 Header	Alt+Shift+6	Überschrift 6
Paragraph	Alt+Shift+7	Absatz
Format	Alt+Shift+8	Format
Address	Alt+Shift+9	Adresse

Tabelle 2: Tastaturkürzel im Visuellen Editor

Allerdings scheint es momentan so zu sein, dass die oben genannten Tastenkürzel nicht in Firefox 37.x funktionieren. Dafür aber zum Beispiel in Google Chrome 42.

2.3 Links einfügen

Möchten Sie ein Wort oder einen Abschnitt Ihres Textes verlinken, so markieren Sie das Wort bzw. den Bereich und klicken dann auf den Button "Link einfügen/ändern" (Nr. 3 im HTML-Editor, Nr. 10 in der oberen Leiste des Visuellen Editors).

Abbildung: Einen Link einfügen

Im sich daraufhin öffnenden Fenster müssen Sie die URL, bzw. die Ziel-Adresse des Links eingeben. Optional ist die Angabe nach einem Titel. Falls Sie möchten, dass der Link sich in einem neuen Fenster oder Tab öffnet, müssen Sie diese Option hier auswählen.

> **Hinweis:** Den "Titel" eines Links nennt man auch Tool-Tipp. Er erscheint wenn man mit der Maus über den Link fährt.

Zum Abschluss müssen Sie Ihre Angaben mit einem Klick auf den Button "Link hinzufügen" bestätigen.

Abbildung: Ein Link im Visuellen Editor

Abbildung: Ein Link im Text-Editor

2.3.1 Interne Verlinkung

Falls Ihr Link auf eine Seite oder einen Beitrag verweisen soll, der von Ihnen selber stammt bzw. von ihrer eigenen Website, so können Sie auf den verlinkten Text "Oder verlinke auf bestehende Inhalte" klicken. Daraufhin erscheint eine Liste aller Beiträge und Seiten.

2. Einen Beitrag erstellen und veröffentlichen

Abbildung: Eine interne Verlinkung einfügen

Wählen Sie dann einfach das gewünschte Ziel aus, indem Sie es anklicken. Die notwendigen Angaben werden dann automatisch im oberen Teil des Fensters eingefügt.

Abbildung: Auf bestehenden Inhalt verlinken

Auch hier müssen Sie Ihre Angabe am Ende mit einem Klick auf den Button "Link hinzufügen" bestätigen.

Bei einer umfangreichen Website empfiehlt es sich die hier vorhandene Suchfunktion zu nutzen um den gewünschten Beitrag oder die gewünschte Seite zu finden, auf die verlinkt werden soll.

2. Einen Beitrag erstellen und veröffentlichen

2.3.2 Links bearbeiten

Wenn Sie einen Link im Nachhinein ändern möchten, dann hängt ihre Vorgehensweise davon ab, welchen Editor Sie nutzen.

Wenn Sie den Text-Editor nutzen müssen Sie die Anpassungen im Code selber vornehmen. Arbeiten Sie aber im Visuellen Editor, so setzen Sie den Cursor "in" den verlinkten Bereich und klicken erneut auf den Button "Link einfügen/ändern". Es öffnet sich wieder das Fenster mit den Angaben zum Link, die Sie nun aktualisieren können. Möchten Sie den Link komplett entfernen müssen Sie den Cursor "in" den verlinkten Bereich setzen und dann den Button "Link entfernen" (Nr. 11 in der oberen Leiste des Visuellen Editors) anklicken.

2.4 Dateien hinzufügen

Für das Hinzufügen von Bildern und Dateien bietet oberhalb des Editors einen Button bzw. ein Symbol, unabhängig davon welchen Sie nutzen.

Abbildung: Dateien hochladen bzw. einfügen

Im Folgenden wird das Einfügen eines Bildes beschrieben. Grundsätzlich ist es aber auch möglich andere Dateien einzufügen, z. B. Audio- oder PDF-Dateien.

2.4.1 Bild hinzufügen

Klicken Sie auf den Button "Dateien hinzufügen", um zum entsprechenden Dialog zu gelangen.

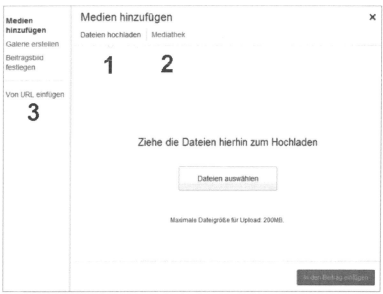

Abbildung: Ein Bild einfügen

Zunächst müssen Sie auswählen, wo das Bild "liegt", das Sie einfügen möchten. WordPress bietet Ihnen drei Möglichkeiten an:

1. Dateien hochladen: Das Bild befindet sich auf Ihrer lokalen Festplatte.
2. Mediathek: Das Bild wurde schon vorher bei einem anderen Beitrag oder über die Mediathek in WordPress hochgeladen und muss nur noch in den Beitrag eingefügt werden.
3. Von URL: Das Bild ist auf einem Server bzw. im Web gespeichert.

Dateien hochladen

Haben Sie ein Bild auf Ihrem Rechner gespeichert, das Sie in

2. Einen Beitrag erstellen und veröffentlichen

den Beitrag einfügen möchten, so klicken Sie entweder auf den Button "Dateien auswählen" oder Sie ziehen die Bilder aus einem geöffneten Windows-Fenster einfach mit der Maus in den gestrichelten Bereich.

Im ersten Fall öffnet sich ein Windows-Fenster, in dem Sie die Datei auswählen. "Öffnen" Sie das Bild, um es in WordPress hochzuladen. Dieser Vorgang kann je nach Bildgröße ein paar Sekunden dauern.

Abbildung: Angaben zu einem hochgeladenen Bild

Nach dem Hochladen des Bildes bekommen Sie ein kleines Vorschaubild gezeigt, den Namen der Datei, die Sie hochgeladen haben, das Format der Datei (Dateityp) und den

Zeitpunkt des Hochladens. Außerdem bekommen Sie die Größe des Bildes angezeigt.

Darunter müssen Sie einen "Titel" für das Bild eingeben. WordPress generiert diesen zwar automatisch, doch es empfiehlt sich oft, ihn anzupassen, damit er aussagekräftiger ist.

Im Feld darunter können Sie eine "Beschriftung" eingeben. Diese wird als Bildunterschrift, die sog. "Caption" verwendet. Seit der WordPress-Version 3.4 ist es hier auch möglich eine Verlinkung mit einfachem HTML einzugeben. Die Bildunterschrift kann also einen Link zur Bildquelle o. ä. enthalten.

Im dritten Feld "Alternativtext" geben Sie eine aussagekräftige Bezeichnung ein, denn dies ist der Inhalt des *alt*-Attributs, das erscheint, wenn das Bild nicht geladen werden kann.

Die "Beschreibung", die Sie im vierten Feld einfügen können, ist sichtbar, wenn das Bild Teil einer Galerie ist oder auf die Anhang-Seite verlinkt wird.

Darunter finden Sie die Anzeigeneinstellungen.

Legen Sie hier die Ausrichtung, die Verlinkung und die Größe des anzuzeigenden Bildes fest.

Soll das Bild verlinkt werden, so müssen Sie unter dem Punkt "Link zur" eine der möglichen Optionen auswählen. Bei der Option "Benutzerdefinierte URL" können Sie eine eigene URL eingeben. Sie können aber auch die "Medien-Datei" auswählen, wobei die Verlinkung auf die Originaldatei erfolgt oder "Anhang-Seite", dabei wird auf eine separate Seite verlinkt, die das Bild und evtl. weiteren Text enthält. Selbstverständlich können Sie auch auf eine Verlinkung verzichten, indem Sie die

2. Einen Beitrag erstellen und veröffentlichen

Option "Keine" wählen.

Klicken Sie zum Abschluss auf den Button "In den Beitrag einfügen".

Bild bearbeiten – In dem Fenster, das in *Abbildung: Angaben zu einem hochgeladenen Bild* dargestellt ist, finden Sie außerdem unterhalb des Vorschaubildes den Link "Bild bearbeiten". Dieser führt Sie zu einer Arbeitsoberfläche, die es Ihnen ermöglicht Ihr hochgeladenes Bild rudimentär zu bearbeiten.

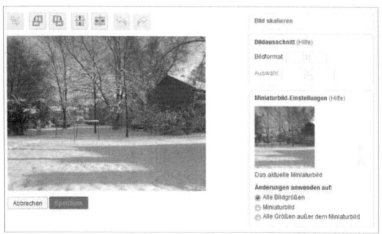

Abbildung: Bild bearbeiten mit der internen WordPress-Funktion

Sie können Ihr Bild hier beschneiden, drehen, spiegeln oder skalieren.

In den meisten Fällen empfiehlt es sich jedoch Bilder vor dem Hochladen mit einem Desktop-Bildbearbeitungsprogramm zu bearbeiten.

> **Hinweis:** Mehr über den sinnvollen Einsatz der Bildbearbeitungsfunktion von WordPress erfahren Sie in dem Beitrag Die Bildbearbeitungsfunktion von WordPress sinnvoll nutzen[59].

Seit der WordPress-Version 3.5 finden Sie hier im Bildbearbeitungs-Bereich aber auch die vorhin schon erwähnten Felder: Beschriftung (Bildunterschrift), Alternativtext (*alt*-Attribut) und Beschreibung (Text, der zusätzlich auf der Anhang-Seite erscheint)-- letzteres sogar mit den Quicktags des Text-Editors.

Sie haben also auch hier die Möglichkeit ihre Angaben zum Bild einzugeben.

> **Hinweis:** Seit der WP-Version 3.9 können Sie Bilder auch direkt in den Bereich des Editors ziehen. Sie bekommen dann direkt die Mediathek mit dem hoch geladenen Bild angezeigt.

Mediathek

Möchten Sie ein Bild in Ihren Beitrag einfügen, das bereits in WordPress hochgeladen wurde (Menüpunkt: *Medien / Datei hinzufügen*), so wählen Sie die Option "Mediathek". Hier erhalten Sie eine Übersicht über die verfügbaren Bilder.

---

[59] www.wpbuch.de/?p=318

2. Einen Beitrag erstellen und veröffentlichen

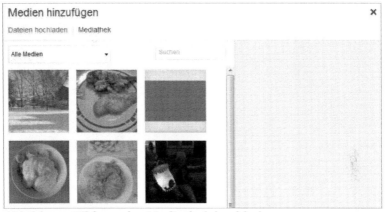

Abbildung: Bild aus der Mediathek hochladen

Um ein Bild aus der Mediathek einzufügen, klicken Sie einfach das gewünschte Bild an. Falls Sie es nicht gleich entdecken können Sie auch danach suchen oder die Anzeige der Medien einschränken (zu diesem Beitrag hochgeladen, Bilder, Video, Audio).

Nach dem Anklicken, können Sie im rechten Bereich nähere Angaben zum Bild bzw. zum Einfügen des Bildes machen, wie Sie es auch schon aus *Abbildung 14: Angaben zu einem hochgeladenen Bild* kennen. Überarbeiten Sie evtl. die Angaben und fügen Sie das Bild dann mit einem Klick auf den Button "In den Beitrag einfügen" ein.

Haben Sie ein Bild in Ihren Beitrag eingefügt, so wird es entweder im Code angezeigt (Text-Editor) oder wirklich so, wie es auch später für den Besucher des Blogs sichtbar ist (Visueller Editor).

Abbildung: Bild im Text-Editor

2. Einen Beitrag erstellen und veröffentlichen

Abbildung: Bild im Visuellen Editor

Von URL

Abbildung: Bild von einer URL einfügen

Soll ein Bild eingefügt werden, das schon auf einem Server liegt, so wählen Sie den Punkt "Von URL einfügen" und es öffnet sich das Fenster aus Abbildung: Bild von einer URL einfügen.

Hier müssen Sie Angaben über die Herkunft des Bildes machen ("Bild-URL") und optional eine Beschriftung sowie einen Alternativtext angeben. Sie können die Ausrichtung des Bildes

2. Einen Beitrag erstellen und veröffentlichen

bestimmen und ob es verlinkt werden soll.

> **Achtung:** Wenn Sie ein Bild von einer URL einfügen möchten bekommen Sie als erstes die Möglichkeit angezeigt einen Titel einzufügen, sobald Sie aber eine URL angegeben haben ist dieser verschwunden.

Unserer Meinung nach handelt es sich dabei um einen Bug, der hoffentlich bald behoben sein wird.

> **Achtung:** Lassen Sie bitte Vorsicht walten, wenn Sie fremde Grafiken und Dateien einbinden, die auf anderen Servern liegen. So etwas nennt man Hotlinking und wird von den meisten Webmastern nicht gern gesehen. Wenn Sie ein Bild hotlinken, erscheint es in Ihrem Beitrag. Sie haben einen zusätzlichen Inhalt, aber der Aufruf des Bildes passiert auf dem Server des anderen Webmasters. Er hat dadurch mehr Datendurchsatz auf seinem Server und je nachdem, wie oft ein Bild aufgerufen wird, hat er auch zusätzliche Kosten und der Server wird durch die zusätzlichen Anfragen belastet. Hotlinken sollten Sie daher nur, wenn die Dateien auf ihrem Webspace liegen oder der Webmaster ihnen erlaubt hat, auf seine Bilder zu hotlinken. Manche Video- (z. B. YouTube) und Bild-Dienste (Flickr) erlauben explizit das Hotlinken der Dateien, die auf ihren Servern liegen. Ein weiterer Aspekt sind die rechtlichen Folgen. Nur weil ein Bild auf einer Website eingebunden ist, heißt das noch lange nicht, dass ein anderer Webmaster dieses Bild nutzen darf. Indem Sie ein Bild hotlinken, machen Sie es zum eigenen Inhalt und da die meisten Bilder im Internet urheberrechtlich geschützt sind, könnte das für Sie unangenehme Konsequenzen haben. In diese Falle tappen leider auch sehr erfahrene Webmaster.

2.4.2 Bilder bearbeiten

Sowohl im Text-Editor wie auch im Visuellen Editor haben Sie nach dem Einfügen immer noch die Möglichkeit die Größe und die Positionierung des Bildes nachträglich zu ändern.

Im Text-Editor geschieht dies über einen Eingriff im Code. So könnten Sie z. B. die Ausrichtung des Bild durch eine einfache Änderung im Code verändern:

```
[caption id="attachment_210" align="aligncenter" width="300"]<a href="http://www.ihre-website.de/wp-content/uploads/2012/12/2012-12-08-12.04.08.jpg"><img src="http://www.ihre-website.de/wp-content/uploads/2012/12/2012-12-08-12.04.08-300x225.jpg" alt="Winterlandschaft" width="300" height="225" class="size-medium wp-image-210" /></a< Winterlandschaft Mitte Dezember 2012[/caption]
```

Listing 1: Code für ein zentriert eingefügtes Bild

```
[caption id="attachment_210" align="alignleft" width="300"]<a href="http://www.ihre-website.de/wp-content/uploads/2012/12/2012-12-08-12.04.08.jpg"><img src="http://www.ihre-website.de/wp-content/uploads/2012/12/2012-12-08-12.04.08-300x225.jpg" alt="Winterlandschaft" width="300" height="225" class="size-medium wp-image-210" /></a< Winterlandschaft Mitte Dezember 2012[/caption]
```

Listing 2: Code für ein linksbündig eingefügtes Bild

Möchten Sie eine Änderung der Positionierung im Visuellen

2. Einen Beitrag erstellen und veröffentlichen

Editor vornehmen, so müssen Sie mit der Maus das Bild anklicken (es aktivieren). Es erscheinen dann Buttons zur Ausrichtung des Bildes (links, zentriert, rechts, ohne). Wenn Sie andere Änderungen vornehmen möchten, müssen Sie auf das Stiftsymbol "Bearbeiten" klicken.

Abbildung: Bild im Visuellen Editor bearbeiten

Daraufhin öffnet sich ein neues Fenster, in dem Sie das Bild bearbeiten können.

Abbildung: Eingefügtes Bild im Nachhinein bearbeiten

Hier können Sie nun neben der Größe und der Ausrichtung auch den Titel, die Beschreibung, die Beschriftung und die Verlinkung ändern. Über den Button "Original bearbeiten" gelangen Sie zudem in den Bearbeitungsmodus des Bildes (siehe Abbildung: Bild bearbeiten mit der internen WordPress-Funktion). Sie können sich aber auch noch für ein anders Bild entscheiden und es kurzer Hand "Ersetzen".

Unter dem Punkt "Erweiterte Optionen" haben Sie noch weitere Möglichkeiten, um die Präsentation bzw. die Darstellung Ihres Bildes zu beeinflussen.

Löschen Sie den Code (Text-Editor) oder das Bild (Visueller Editor) so wird nur die Verankerung im Beitrag gelöscht. Das Bild selber bleibt erhalten und kann über die Mediathek erneut eingefügt werden.

2. Einen Beitrag erstellen und veröffentlichen

2.4.3 Bilder, Videos, Tweets und Audio-Dateien einfügen

Seit einiger Zeit können Sie Bilder, Videos und Tweets auch einfügen, indem Sie lediglich die URL des betreffenden Bildes, Videos oder Tweets einfügen.

Voraussetzung dafür ist, dass der Dienst, bei dem das Bild oder das Video präsentiert wird, oEmbed unterstützt.

> **Hinweis:** Mehr zu oEmbed können Sie auf der Website oembed.com erfahren.

Unterstützt wird oEmbed z. B. von Flickr und YouTube. Möchten Sie also ein YouTube-Video in einen Beitrag einbinden, genügt es die URL des Videos einzufügen – unabhängig davon welchen Editor sie nutzen.

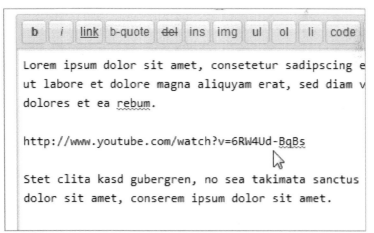

Abbildung: Ein Video mit oEmbed einfügen

Seit der Version 3.6 verfügt WordPress über einen neuen integrierten HTML5 Media-Player. Damit können Sie Dateien einfach hochladen und in ihre Artikel einfügen ohne zusätzlich einen Player (in Form eines Plugins) installieren zu müssen.

Außerdem kann Musik von Spotify, Rdio und SoundCloud einfach über die jeweilige URL in einen Beitrag oder auf einer Seite eingefügt werden.

2.4.4 Galerien erstellen

Möchten Sie in einen Beitrag mehrere Bilder in einer Galerie – also zusammenhängend – einfügen, so müssen Sie die gewünschten Bilder zuerst in WordPress hochladen und mit den gewünschten Angaben versehen (Titel, Beschreibung etc.) **ohne** sie in den Beitrag einzufügen. Daraufhin wird Ihnen in der Übersicht der neue Link "Galerie (n)" angezeigt.

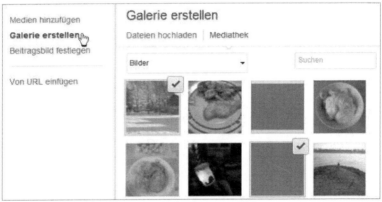

Abbildung: Bilder für eine Galerie auswählen

Zunächst müssen Sie die Bilder für eine Galerie auswählen. Klicken Sie dazu links auf den Reiter "Galerie erstellen" und wählen Sie dann die benötigten Bilder aus der Mediathek aus, evtl. müssen Sie vorher noch benötigte Bilder hoch laden.

Denken Sie auch daran alle Angaben wie Beschriftung und

2. Einen Beitrag erstellen und veröffentlichen

Beschreibung anzugeben.

Haben Sie alle benötigten Bilder ausgewählt klicken Sie auf den Button "Erstelle eine neue Galerie".

Im sich daraufhin öffnenden Fenster müssen Sie die Einstellungen für die Ausgabe der Galerie festelegen.

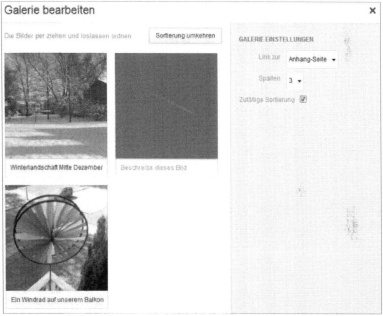

Abbildung: Galerie bearbeiten

Hier können Sie zunächst die Reihenfolge der Bilder festlegen. Dies geht per Drag & Drop bzw. Klicken & Ziehen. Sortieren Sie Ihre Bilder einfach, indem Sie sie an ihre gewünschten Plätze ziehen. Sie können aber auch eine zufällige Sortierung wählen.

Nun können Sie entscheiden, womit die einzelnen Vorschau- bzw. Miniaturbilder verknüpft bzw. verlinkt sein sollen. "Medien-Datei" bedeutet, dass die Bilder, wie bei

Vorschaubildern üblich, mit ihrem eigenen Original verlinkt sind. Die Option "Anhang-Seite" öffnet eine Galerieseite, auf der auch die Beschreibung des Bildes, die Sie evtl. eingefügt haben, zu finden ist. Außerdem können Sie auf den Galerieseiten zum vorhergehenden und nächsten Bild navigieren.

Die Galerie kann zudem mit einer unterschiedlichen Anzahl von Spalten dargestellt werden. Sie können zwischen 1 bis 9 Spalten wählen.

Haben Sie alle Einstellungen getätigt, müssen Sie auf den Button "Galerie einfügen" klicken, um sie in Ihren Beitrag einzufügen.

Im Text-Editor lautet der Code für eine Galerie dann z. B. so

```
[gallery columns="3" ids="210,190,181" orderby="rand"]
```

Die Zahlen stehen dabei für die ID des jeweiligen Bildes. Diese erscheint in der Statusleiste des Browsers, wenn man in der Medienübersicht mit der Maus über das entsprechende Bild fährt. Somit ist es auch möglich eine Galerie "manuell" zu erstellen oder aber auch abzuändern.

Im visuellen Editor wird die Galerie seit der WP-Version 3.9 so dargestellt, wie sie auch den Besuchern im Frontend präsentiert wird.

Wenn Sie eine Galerie im Nachhinein bearbeiten möchten können Sie dies im visuellen Editor machen, indem Sie das Symbol "Galerie bearbeiten" anklicken, vgl. dazu auch die Bildbearbeitung im Visuellen Editor.

2. Einen Beitrag erstellen und veröffentlichen

> **Hinweis:** Mehr zum Thema Galerien und WordPress erfahren Sie auch auf unserer Website zum WordPress-Buch[60]. Beachten Sie bitte besonders den Beitrag Minenfeld WordPress-Galerie[61].

2.4.5 Playlists erstellen

Seit der WordPress-Version 3.9 ist es sogar möglich Playlists für Audio- und Video-Dateien zu erstellen.

Abbildung: Eine Audio-Wiedergabeliste erstellen

So wie Sie Bildergalerien erstellen, erstellen Sie eine Wiedergabeliste für Ihre Dateien, die dann dann vom Besucher abgespielt werden können.

---

60 www.wpbuch.de/tag/galerie/
61 http://www.wpbuch.de/?p=877

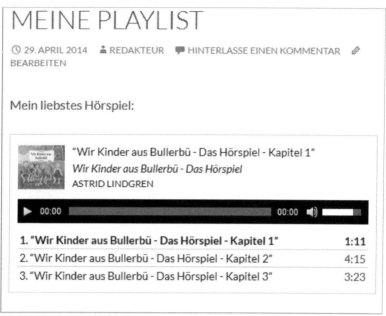

Abbildung: Eine Playlist im Frontend

2.5 Ablenkungsfrei schreiben

Sowohl mit dem Visuellen wie auch mit dem HTML-Editor können Sie in den Modus "Ablenkungsfrei schreiben" wechseln.

Hier finden Sie eine Oberfläche vor, die Ihnen das Konzentrieren auf das Wesentliche, also auf den Inhalt Ihres Textes, erleichtern soll. Dafür werden alle nicht benötigten Elemente ausgeblendet. Wenn Sie auch auf den Einsatz der Maus verzichten bzw. diese nicht außerhalb des Editors bewegen, reduziert sich der Inhalt Ihres Bildschirmes auf nichts anderes als auf den Text, den sie gerade verfassen.

2. Einen Beitrag erstellen und veröffentlichen

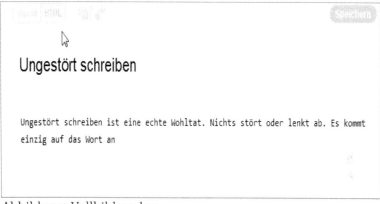

Abbildung: Vollbildmodus

2.6 Metainformationen und Einstellungen (Module)

Bevor Sie den Beitrag nun veröffentlichen bzw. publizieren, müssen Sie noch weitere (z. T. optionale) Einstellungen, die den Beitrag betreffen, tätigen. Diese Einstellungsmöglichkeiten haben die WordPress-Entwickler in sogenannten Modulen untergebracht, die im Folgenden näher erläutert werden sollen.

2.6.1 Veröffentlichen

Die wichtigsten Funktionen, die die eigentliche Publizierung, also Veröffentlichung betreffen, sind im Modul "Veröffentlichen" zu finden. Dieses Modul ist kontextsensitiv, d. h. es ändert sich, je nachdem, ob ein Beitrag gerade neu geschrieben wird, ob er im Nachhinein geändert wird, wer ihn schreibt und wann er veröffentlicht werden soll.

Abbildung: Das Modul "Veröffentlichen"

Als Mitarbeiter sind Sie z. B. nicht befugt, einen Beitrag direkt zu publizieren; Sie müssen ihn "Zur Revision vorlegen". Im Folgenden wird allerdings der Vorgang der Veröffentlichung aus Sicht eines Redakteurs beschrieben.

Wie Sie in den oberen Abbildungen sehen können, gibt es zunächst einmal drei große Buttons, mit denen Sie den Beitrag entweder "Speichern", sich eine "Vorschau" anzeigen lassen oder ihn "Veröffentlichen" können.

Speichern

Speichern Sie einen Beitrag, so bleibt das Browser-Fenster mit Ihrem Beitrag geöffnet, so dass Sie unmittelbar weiter arbeiten können. Dieser Button dient also auch dazu, während der Arbeit zwischenzuspeichern. Sie können einen Beitrag aber auch für einen späteren Zeitpunkt als Entwurf speichern, um z. B. erst am nächsten Tag daran weiterzuarbeiten.

2. Einen Beitrag erstellen und veröffentlichen

Um zu einem späteren Zeitpunkt einen Entwurf wieder aufzurufen, gibt es mehrere Möglichkeiten:

- das Modul auf dem Dashboard: Aktuelle Entwürfe
- linke Navigationsleiste: *Beiträge / Alle Beiträge*

Wird ein bereits gespeicherter oder aber auch bereits veröffentlichter Beitrag erneut zur Bearbeitung aufgerufen, so verändert sich auch das Veröffentlichen-Modul dementsprechend.

Vorschau

Der Vorschau-Button zeigt wie der Beitrag aussehen würde, wenn er veröffentlicht wird.

Veröffentlichen

Mit diesem Button veröffentlichen Sie den Beitrag.

Weitere Einstellungsmöglichkeiten

Im zentralen Bereich des Veröffentlichen-Moduls befinden sich weitere Einstellungsmöglichkeiten.

Status

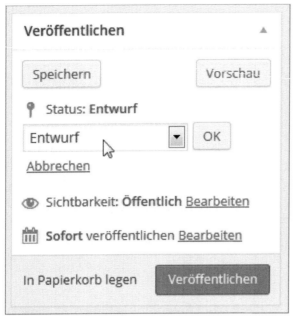

Abbildung: Den Status ändern

Um den Status des Beitrags zu ändern, klicken Sie auf den Link "Bearbeiten" und wählen dann aus dem Dropdown-Menü einen anderen Status. Bei einem Entwurf wäre das: "Ausstehender Review". Wenn Sie diese Auswahl mit "OK" bestätigen, wird der Beitrag nicht veröffentlicht, sondern "zur Revision vorgelegt".

Sichtbarkeit

2. Einen Beitrag erstellen und veröffentlichen

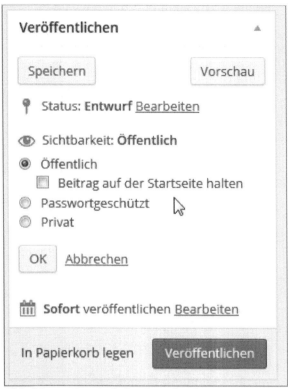

Abbildung: Die Sichtbarkeit festlegen

Hinter dem Link "Bearbeiten" des Eintrags zur Sichtbarkeit können Sie einstellen, ob und für wen Ihr Beitrag sichtbar ist.

- **Öffentlich:** Der Beitrag ist für alle Besucher sichtbar.
  - *Diesen Beitrag auf der Startseite halten:* Der Beitrag ist nicht in den normalen "Fluss eines Blogs" integriert. Werden aktuellere Beiträge veröffentlicht, bleibt dieser Beitrag trotzdem an oberster Stelle erhalten.
  - **Passwortgeschützt:** Sie können dem Beitrag

141

ein Passwort zuweisen, so dass der Beitrag nur von Besuchern aufgerufen werden kann, die das Passwort kennen.

GESCHÜTZT: MEINE PLAYLIST

🕔 29. APRIL 2014   👤 REDAKTEUR   ✏ BEARBEITEN

Dieser Inhalt ist passwortgeschützt. Um ihn anzuschauen, gib bitte dein Passwort unten ein:

Passwort: [   ]   **SENDEN**

Abbildung: Ein passwortgeschützter Beitrag

- **Privat:** Der Beitrag kann nur von eingeloggten Administratoren und Redakteuren gesehen werden.

- **Sofort:** Hinter dem Stichwort "Sofort" verbirgt sich der Zeitpunkt der Veröffentlichung. Normalerweise wird der Beitrag, den Sie publizieren, unmittelbar veröffentlicht.

2. Einen Beitrag erstellen und veröffentlichen

Abbildung: Den Zeitpunkt der Veröffentlichung bestimmen

Durch eine Bearbeitung des Zeitpunktes können Sie einen Beitrag aber auch in die Vergangenheit zurückdatieren oder sogar für die Veröffentlichung in der Zukunft vorsehen, d. h. er wird erst in der Zukunft für die Besucher sichtbar. Ändern Sie einfach das Datum und/oder die Uhrzeit.

Löschen

Sobald ein Beitrag gespeichert (automatisch oder manuell) wurde, erscheint im Veröffentlichen-Modul auch der Link "In den Papierkorb legen". Hiermit können Sie den Beitrag in den Papierkorb verschieben.

Den Papierkorb erreichen Sie über das Menü *Beiträge / Alle Beiträge*. Auf der Übersichtseite finden Sie Links zu allen veröffentlichten Beiträgen sowie zu Entwürfen und dem Papierkorb (falls vorhanden). Beiträge werden im Papierkorb 30 Tage "aufbewahrt" bevor sie automatisch – aber dann endgültig – gelöscht werden.

Abbildung: Übersicht aller Beiträge

> **Hinweis:** Das Prinzip "Papierkorb" wurde mit der Version 2.9 eingeführt und steht für die Bereiche Beiträge, Seiten und Kommentare zur Verfügung.

Revisionen

Wie bereits eingangs erwähnt, ist das Modul "Veröffentlichen" kontextsensitiv. Speichern Sie einen Beitrag z. B. mehrmals ab, so speichert WordPress diese unterschiedlichen Versionen, so dass Sie auch zu einem späteren Zeitpunkt auf diese zugreifen können. Ist dies der Fall, wird Ihnen das Vorhandensein von Revisionen angezeigt.

2. Einen Beitrag erstellen und veröffentlichen

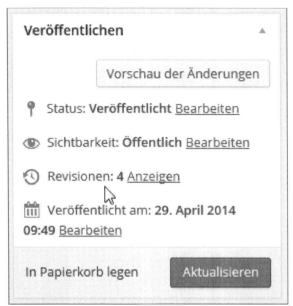

Abbildung: Revisionen werden auch im Modul "Veröffentlichen" angezeigt

Klicken Sie hier auf den Link "Anzeigen", so werden Ihnen alle verfügbaren Versionen angezeigt.

Abbildung: WordPress-Beiträge vergleichen

Über eine Art Zeitleiste kann man nun die gespeicherten Versionen mit einander vergleichen und bei Bedarf einen früheren Zeitpunkt wieder herstellen.

> **Hinweis:** Möchte man ohne Veränderungen wieder zum Beitrag zurück muss man den verlinkten Titel des Beitrags am Kopf der Seite anklicken (nicht in der Abbildung).

2.6.2 Weitere Module (Kategorien, Schlagwörter etc.)

Im Folgenden werden der Vollständigkeit halber alle verfügbaren Module beschrieben. Nicht alle Module werden jedoch für die redaktionelle Arbeit benötigt. Je nach WordPress-Installation ist auch nicht jede Funktionalität im Frontend implementiert.

> **Achtung:** Nicht alle Module sind immer sichtbar. Z. T. ist es abhängig davon, ob ein Beitrag bereits gespeichert wurde. Falls die WordPress-Installation Plugins enthält, ist es auch möglich, dass zusätzliche Module vorhanden sind. Welche Module eingeblendet werden, können Sie über die Optionen selbst festlegen. Wie das geht erfahren Sie im Abschnitt "Seiten anpassen".

Formatvorlage

Je nach dem was für ein Theme (Design-Template) genutzt wird, stehen ihn mehr oder weniger (eventuell auch keine) Formatvorlagen zu. Sie bestimmen das Aussehen eines Beitrags.

2. Einen Beitrag erstellen und veröffentlichen

Das Standard-Theme Twenty Fifteen verfügt neben der Standardvorlage noch über 9 zusätzliche Vorlagen.

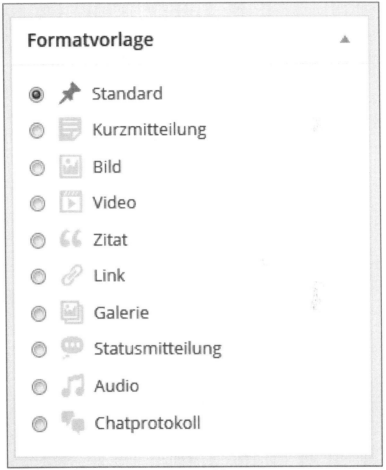

Abbildung: Eine Formatvorlage wählen

Die einzelnen Formatvorlagen unterscheiden sich von einander.

> **Standard**
>
> Lorem ipsum dolor sit amet, consectetuer adipiscing elit. Aenean commodo ligula eget dolor. Aenean massa.
>
> Cum sociis natoque penatibus et magnis dis parturient montes, nascetur ridiculus mus. Donec quam felis, ultricies nec, pellentesque eu, pretium quis, sem. Nulla consequat massa quis enim. Donec pede justo, fringilla vel, aliquet nec, vulputate
>
> 📅 19. Dezember 2014   👤 perun.net   ✏ Bearbeiten

Abbildung: Die Formatvorlage "Standard"

Ein Theme, bei dem sich die einzelnen Formatvorlagen sehr stark unterscheiden war das Standard-Theme Twenty Thirteen. Mehr dazu, inklusive Screenshots, erfahren Sie im Beitrag Formatvorlagen von WordPress 3.6 im Standard-Theme Twenty Thirteen[62].

Kategorien

In diesem Modul können Sie die Kategorie auswählen, in der Ihr Beitrag erscheinen soll. Sie haben auch die Möglichkeit, mehrere Kategorien auszuwählen oder sich nur die am häufigsten genutzten anzeigen zu lassen. Gleichzeitig können Sie hier auch eine neue Kategorie erstellen. Neue Kategorien können sonst über den Menüpunkt *Beiträge / Kategorien*

---

62 www.wpbuch.de/?p=919

2. *Einen Beitrag erstellen und veröffentlichen*

eingefügt werden.

Abbildung: Eine Kategorie auswählen

Schlagwörter

Abbildung: Schlagwörter hinzufügen

Hier können Sie Schlagwörter bzw. Tags eingeben und hinzufügen. Je nach Konfiguration des Blogs, in dem Ihre Beiträge veröffentlicht werden, kann es sein, dass Besucher über die Schlagwörter nach Beiträgen suchen können oder Beiträge mit ähnlichen Schlagwörtern als Empfehlung für die Leser ausgegeben werden.

Mit dem Link "Wähle aus häufig genutzten Schlagwörtern" werden Ihnen die Schlagwörter angezeigt, die Sie am häufigsten nutzen.

Hinweis: Mehr zum Unterschied und zum Einsatz von Kategorien und Schlagwörtern können Sie im Artikel "Kategorien und Schlagwörter richtig verstehen[63].

Beitragsbild

Mit dem Beitragsbild können Sie ein Bild festlegen, das dann, wenn Sie das Standard-Theme Twenty Fourteen nutzen, über dem Titel angezeigt wird.

Abbildung: Ein Beitragsbild festlegen

Das Bild ist kein Teil des Beitrags, aber mit diesem "verknüpft".

Hinweis: Die Ausgabe des Beitragsbildes ist immer vom

---

63 www.wpbuch.de/?p=600

> genutzten Theme abhängig. Es gibt auch Themes, die diese Funktion nicht unterstützen. Oft findet man die Beitragsbilder als Thumbnails auf Übersichtseiten, wie z. B. hier[64].

Auszug

> **Auszug**
>
> Ein Auszug ist eine von dir erstellte Zusammenfassung deines Textes. Du kannst Auszüge in deinem Template verwenden

Abbildung: Einen Auszug verfassen

In dem Modul "Auszug" können Sie eine kurze Zusammenfassung oder einen Anreißer (engl. Teaser) zu Ihrem Beitrag verfassen.

Je nach Konfiguration können in einem Blog auf der Startseite Auszüge anstatt der vollständigen Beiträge angezeigt werden, die dann mit den eigentlichen Beiträgen verlinkt sind. Als Auszug wird dann entweder der hier verfasste Text oder automatisiert ein Auszug aus dem eigentlichen Beitrag, der die ersten 55 Wörter enthält, angezeigt.

Trackbacks senden

Trackbacks[65] sind spezielle Links zu anderen Beiträgen im eigenen oder auch in anderen Blogs. Bezieht man sich in seinem Beitrag auf einen anderen Beitrag, so sendet man mit

---

64 www.babys-und-schlaf.de/kategorie/blog/
65 http://de.wikipedia.org/wiki/Trackback

einer Verlinkung automatisch einen Pingback[66], so dass dieser Beitrag/Blogbetreiber darüber informiert wird. Manche Systeme allerdings unterstützten Pingbacks nicht und daher muss man als Autor manuell Trackback-Links setzen um auch diese Systeme zu "benachrichtigen". Der Track- bzw. Pingback taucht dann als Kommentar auf.

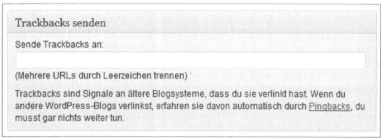

Abbildung: Manuelle Trackback senden

In der Regel erkennen Blogs Pingbacks automatisch, so dass keine manuellen Trackbacks gesendet werden müssen.

Benutzerdefinierte Felder

Abbildung: Benutzerdefinierte Felder

---

66 http://de.wikipedia.org/wiki/Pingback

2. Einen Beitrag erstellen und veröffentlichen

Die benutzerdefinierten Felder dienen dazu, dass Sie als Verfasser sog. Metadaten zum Beitrag notieren können. Das könnte z. B. das momentane Wetter, ihre Laune oder ihr aktueller Lesestoff sein. Die Spezialfelder werden vor allen Dingen in privaten Blogs verwendet und sind nicht standardmäßig im Frontend implementiert.

Der Name des Feldes wäre z. B. "Wetter" und als Wert könnte man eingeben: "sonnig und heiß". Am nächsten Tag bzw. beim nächsten Beitrag wäre der Wert dann evtl. "regnerisch".

Diskussion

Die Möglichkeit für Besucher zu Ihrem Beitrag Kommentare zu hinterlassen oder Track- bzw. Pingbacks zu senden, können Sie hier – unabhängig von den globalen Einstellungen im Blog – festlegen. Die Auswahl hier kann jederzeit wieder geändert werden.

```
Diskussion

☑ Kommentare erlauben.
☑ Erlaube Trackbacks und Pingbacks auf dieser Seite.
```

Abbildung: Diskussionseinstellungen

Kommentare

Im Modul "Kommentare" werden alle Kommentare angezeigt, die für diesen Beitrag abgegeben wurden. Sie können die Kommentare hier auch verwalten.

153

Abbildung: Abgegebene Kommentare

Mehr zur Verwaltung von Kommentaren erfahren Sie später im Abschnitt "Kommentare verwalten bzw. moderieren".

Titelform

Hier können Sie die Titelform Ihres Beitrags bearbeiten, die sich automatisch aus dem Titel des Beitrags ergibt.

Die Titelform wird in der URL eines Beitrags wiedergegeben, wenn bei den Permalinks eine Ausgabe des Beitragnamens vorgesehen ist, z. B. *www.website.de/hallo-welt*

Die Notwendigkeit diesen zu bearbeiten ergibt sich zum Beispiel, wenn sie die URL-Adresse eines bereits publizierten Beitrags nachträglich ändern möchten. Dies kann z. B. bei einem Tippfehler in der Überschrift der Fall sein. Dafür reicht es nämlich nicht diese, also die Überschrift, zu ändern, es muss auch die Titelform angepasst bzw. korrigiert werden.

Eine Änderung der URL sollte nur in Ausnahmefällen vorgenommen werden, da es sonst zu einem unnötigen

2. Einen Beitrag erstellen und veröffentlichen

Verbrauch von Speicherplatz in der Datenbank kommt. Besucher, die die alte URL aufrufen, landen nämlich nicht auf einer Fehlerseite, sondern werden auf die neue URL umgeleitet.

Abbildung: Die Titelform des Artikels

Autor

In diesem Modul wird der Autor eines Beitrags angezeigt. Er kann hier allerdings auch geändert werden. Klicken Sie dazu einfach auf den Pfeil und es öffnet sich eine Drop-Down-Liste mit den Namen aller Autoren.

Abbildung: Den Autor eines Beitrags auswählen

Revisionen

```
Revisionen

    Redakteur, vor 4 Minuten (29. April 2014 @ 9:54:11)
    Redakteur, vor 11 Minuten (29. April 2014 @ 9:47:22)
    Redakteur, vor 12 Minuten (29. April 2014 @ 9:46:39)
    Redakteur, vor 17 Minuten (29. April 2014 @ 9:41:56)
```

Abbildung: Mehrere Versionen eines Beitrags

In diesem Modul werden alle Versionen eines Beitrags aufgelistet. Klickt man auf einen verlinkten Zeitpunkt, so wird einem diese Fassung angezeigt und man kann sie mit einer anderen vergleichen und auch wiederherstellen.

Näheres zur Funktionsweise der Revisionen finden Sie auch im Abschnitt Revisionen beim Modul "Veröffentlichen".

2.7 Mit dem Bookmarklet "Press This" einen Beitrag verfassen

Im Bereich *Werkzeuge / Verfügbare Werkzeuge* findet man das Bookmarklet "Press This".

> **Was ist ein Bookmarklet?** Im Grunde genommen handelt es sich hierbei um Browser-Lesezeichen, die nicht eine Website aufrufen sondern eine Aktion starten. Diese Aktion ist in Javascript geschrieben und man könnte die

2. Einen Beitrag erstellen und veröffentlichen

> Bookmarklets auch als Browser-Makros bezeichnen. Erklärung auf Webwork-Tools.de: Was sind Bookmarklets bzw. Favlets?[67].

Im Falle von "Press This" handelt es sich um ein Bookmarklet, welches es einem ermöglicht Beiträge für einen WordPress-Blog zu verfassen, ohne dass man sich selbst in bzw. auf der Administrationsoberfläche befindet. Das Bookmarklet erlaubt es einem zudem besonders einfach und schnell Zitate, Bilder etc. von einer Website für den eigenen Artikel zu übernehmen bzw. diese einzubinden.

2.7.1 Vorbereitung

Um das Bookmarklet nutzen zu können, muss man den Link, der sich im Bereich Werkzeuge / Verfügbare Werkzeuge befindet, seinen Lesezeichen hinzufügen. Dafür zieht man ihn entweder auf seine Lesezeichenleiste oder man wählt die entsprechende Option über einen Rechtsklick auf dem Link aus.

Zusätzlich dazu bietet WordPress auch einen Direktlink für die Nutzung mit mobilen Geräten. Somit ist das Erstellen von Beiträgen via Press This auch auf dem Handy kein Problem.

---

67 www.webwork-tools.de/2008/08/was-sind-bookmarklets-bzw-favlets/

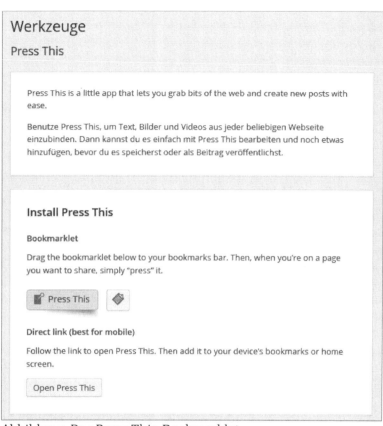

Abbildung: Das Press This-Bookmarklet

2.7.2 Das Bookmarklet starten

Um das Bookmaklet bzw. die Funktion "Press This" zu starten klickt man nun einfach das Lesezeichen an und es öffnet sich ein Browserfenster, in dem man bequem einen Artikel erstellen kann – Voraussetzung ist, dass man in seinem Blog angemeldet ist. Falls nicht, muss man sich zuerst einloggen.

2. Einen Beitrag erstellen und veröffentlichen

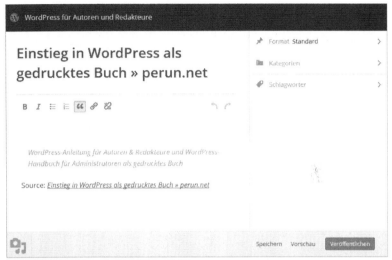

Abbildung: Der Press This-Editor

2.7.3 "Press This" nutzen

Das Fenster für den Schnellbeitrag bzw. der Press This-Editor beinhaltet alles, was man zum Erstellen eines Artikels benötigen:

- Editor (sowohl der Visuelle, wie auch der Text-Editor stehen zur Verfügung)
- Hinzufügen von Bildern und Videos
- Formatvorlage auswählen
- Kategorie auswählen
- Schlagwörter hinzufügen
- Speichern- und Veröffentlichen-Button

Das Schreiben von Beiträgen wird zudem dadurch erleichtert, dass WordPress schon Informationen von der Seite in den Editor einfügt, auf der man sich befindet, wenn man das

Bookmarklet aktiviert bzw. das "Press This"-Lesezeichen angeklickt hat. Für einen reinen Textbeitrag wird als Titel der Titel der aktuell besuchten Website und als Text der verlinkte Titel der Seite automatisch eingetragen.

Bilder einfügen

Noch interessanter wird das Bookmarklet, wenn man Bilder von der aktuell besuchten Seite in seinen Beitrag einfügen möchten. WordPress zeigt einem automatisch eine Übersicht aller Bilder an, die sich auf der Seite befinden.

Abbildung: Mit Press This Bilder einfügen

Zum Einfügen eines Bildes klickt man einfach das gewünschte

2. Einen Beitrag erstellen und veröffentlichen

Bild an. Möchte man dann noch die Ausrichtung festlegen oder eine Bildunterschrift einfügen, so klickt man einfach auf das Bild und wählt dann die gewünschte Option aus.

Abbildung: Mit Press This Bild bearbeiten

Möchte man andere Bilder einfügen, wählt man den Button mit dem Foto-Symbol unten links (siehe Abbildung: Mit Press This Bilder einfügen).

> **Achtung:** Bitte denken Sie daran, dass es Beschränkungen bei der Verwendung fremder Bilder gibt; Stichwort: Hotlinking und Urheberrecht. Das "Press This"-Bookmarklet lädt keine Bilder auf den eigenen Server hoch, sondern verlinkt diese lediglich!

Selbstverständlich hat man auch die Möglichkeit einen Beitrag zu Speichern, so dass er nicht direkt veröffentlicht wird. Man kann ihn dann zu einem späteren Zeitpunkt über das Menü "Beiträge / Alle Beiträge" oder das Modul "Aktuelle Entwürfe" auf dem Dashboard in WordPress aufrufen, überarbeiten und ggfs. veröffentlichen.

2.8 Schneller Entwurf

Das Modul "Schneller Entwurf", das sich auf dem Dashboard befindet kann genutzt werden um Beiträge oder Ideen dazu "schnell" zu skizziere.

Abbildung: Schneller Entwurf

2. Einen Beitrag erstellen und veröffentlichen

Was fehlt ist ein "vollwertiger" Editor, d. h. Sie haben hier keinerlei Möglichkeit mit Hilfe von Buttons und/oder Quicktags ihren Text zu formatieren.

Auch eine Auswahl der Formatvorlage und der Kategorie ist nicht möglich. Ein so verfasster Beitrag kann nur als Entwurf gespeichert werden.

In der Praxis eignet sich dieses Modul dafür schnell eine Beitrags-Idee zu skizzieren, die man zu einem späteren Zeitpunkt überarbeitet bevor man den fertigen Beitrag dann veröffentlicht.

3. Einen Beitrag bearbeiten

Einen bereits veröffentlichten Beitrag können Sie auch später noch aufrufen, um evtl. Änderungen vorzunehmen. Das Veröffentlichen-Modul zeigt dann den Zeitpunkt der Veröffentlichung an und gibt Ihnen den Button "Aktualisieren" anstatt "Veröffentlichen" an.

Abbildung: Ein bereits erschienener Beitrag

Bereits veröffentlichte Beiträg erreichen Sie über das Menü: *Beiträge / Alle Beiträge*. Näheres dazu erfahren Sie auch im nächsten Abschnitt QuickEdit.

3.1 QuickEdit

Nahezu alle Einstellungen, die einen Beitrag betreffen, können Sie im Nachhinein auch ändern, ohne den eigentlichen Beitrag wieder zu öffnen. Begeben Sie sich dazu zum Menüpunkt:

Beiträge / Alle Beiträge.

Wenn Sie nun mit der Maus über einen Beitrag fahren, erscheinen die folgenden Links:

- **Bearbeiten:** Hiermit gelangen Sie zum eigentlichen Beitrag und können Änderungen inhaltlicher Art vornehmen.
- **QuickEdit:** Klicken Sie diesen Link an, so öffnet sich ein Bearbeitungsfenster, das es Ihnen erlaubt, kleine Änderungen am Beitrag schnell und unkompliziert vorzunehmen.
- **Papierkorb:** Hiermit wird der Beitrag in den Papierkorb verschoben.
- **Anschauen:** Der Beitrag wird Ihnen angezeigt.

Abbildung: QuickEdit

Wenn Sie den Link "QuickEdit" anklicken, öffnet sich der QuickEdit-Bereich des jeweiligen Artikels und Sie können verschiedene Angaben bearbeiten.

3. Einen Beitrag bearbeiten

Abbildung: Einen Beitrag mit QuickEdit bearbeiten

Dazu zählen u. a. Titel, Titelform, Zeitpunkt der Veröffentlichung, Autor, Passwortschutz, Kategorie, Schlagwörter und die Frage ob Kommentare erlaubt sind.

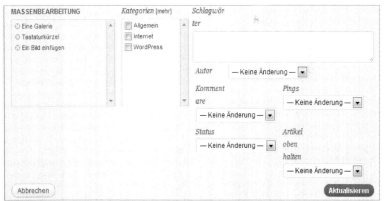
Abbildung: Mehrere Beiträge mit QuickEdit bearbeiten

Um mehrere Beiträge zu bearbeiten, wählt man die betreffenden Beiträge mit einem Häkchen auf der Übersichtseite aus. Dann wählt man über der Liste aus dem Dropdownfeld die Option "Bearbeiten" und klickt dann auf den

Button "Übernehmen". Dadurch öffnet sich ein Feld, in dem die zu bearbeitenden bzw. ausgewählten Beiträge aufgeführt sind.

Bei der Massenbearbeitung gibt es allerdings auch Abstriche, die man machen muss. So kann man zwar mehreren Artikeln gleichzeitig ein bestimmtes Schlagwort zuweisen, man kann dieses aber nicht wieder löschen. Zudem bekommt man bereits zugewiesene Schlagwörter nicht angezeigt. Das gleiche gilt auch für die Kategorie.

3.2 Beiträge moderieren

Falls an der Website bzw. dem Blog, an dem Sie mitarbeiten mehreren Autoren arbeiten, kann es sein, dass Sie als Redakteur auch verantwortlich dafür sind die Beiträge von Mitarbeitern zu genehmigen.

Mitarbeiter dürfen nämlich Beiträge nur Verfassen und dann zur Revision vorlegen. Sie können selber keine Beiträge veröffentlichen.

Sie als Redakteur sehen solche Beiträge dann in der Übersicht (Menü: *Beiträge / Alle Beiträge*), gekennzeichnet mit dem Vermerk "Offen". Oder Sie rufen eine Liste der offenen Beiträge über den dortigen Link "Ausstehend" auf.

Hinweis: Der Link "Ausstehend" ist nur gelistet, wenn es auch offene Beiträge gibt.

3. Einen Beitrag bearbeiten

Abbildung: Ein noch nicht freigegebener Beitrag

Damit er publiziert wird, müssen Sie ihn entweder aufrufen, also bearbeiten und dann veröffentlichen oder aber über das QuickEdit-Menü den Status des Artikels auf "Veröffentlicht" setzen.

3.3 Kommentare verwalten bzw. moderieren

Auch die Kommentarverwaltung könnte als Redakteur in Ihr Aufgabengebiet fallen. Hat ein Besucher einen Beitrag kommentiert gibt es drei mögliche Szenarien:

1. Der Kommentar wird veröffentlicht.
2. Der Kommentar landet in der Warteschleife.
3. Der Kommentar wird als Spam gekennzeichnet.

Der erste Fall (Der Kommentar wird veröffentlicht.) tritt ein, wenn ein Kommentar ohne Prüfung veröffentlicht wird. Ob und welche Prüfung stattfindet ist in den Einstellungen von WordPress und/oder genutzten Plugins festgelegt. Die Regeln dafür legt der Administrator einer Website fest.

In der Regel werden z. B. Kommentare direkt veröffentlicht, wenn der Kommentator zuvor schon mal einen genehmigten Kommentar abgegeben hat.

Im zweiten Fall (Der Kommentar landet in der Warteschleife.) müssen bzw. sollten Sie handeln, d. h. Sie müssen den Kommentar moderieren. Diese Kommentare werden in der Menüleiste mit ihrer Gesamtzahl angegeben. Sie sind sowohl im Modul "Letzte Kommentare" auf dem Dashboard wie auch in der Übersicht (Menü: *Kommentare*) gelb hinterlegt.

Abbildung: Kommentare

Wenn Sie mit der Maus über solch einen Kommentar fahren, erscheinen die folgenden Links:

- Genehmigen
- Antworten
- QuickEdit
- Bearbeiten
- Spam
- Papierkorb

Die meisten dieser Funktionen haben Sie ja schon im Zusammenhang mit Artikeln kennengelernt. Neu sind hier die folgenden Punkte:

- **Genehmigen:** Ein Kommentar wird genehmigt und

3. Einen Beitrag bearbeiten

erscheint im Frontend.
- **Antworten:** Sie können den Kommentar direkt aus dem Backend heraus beantworten.
- **Spam:** Der Kommentar wird als Spam gekennzeichnet – entspricht dem "Junk-Filter" in einem gängigen E-Mail-Programm.

Scheuen Sie sich grundsätzlich nicht davor Kommentare nicht zu veröffentlichen oder als Spam zu kennzeichnen. Denken Sie immer daran, dass Ihre Website keine frei verfügbare und kostenlose Plakatfläche für windige Werbemacher ist, sondern Ihre Präsentation des eigenen Unternehmens, der eigenen Person o. ä.

Finden Sie übrigens den Spam-Kommentar in der Abbildung: Kommentare?

Zusätzlich zum Dashboard und zur Übersichtseite der Kommentare, werden diese auch beim jeweiligen Beitrag im Modul "Kommentare" angezeigt. Auch hier haben Sie die o. g. Möglichkeiten der Kommentar-Moderation.

4. Seiten erstellen und bearbeiten

> **Hinweis:** Die Arbeit mit Seiten ist nur Administratoren und Redakteuren vorbehalten, Autoren können keine Seiten erstellen bzw. bearbeiten.

4.1 Worin unterscheiden sich Beiträge und Seiten (Pages)?

In WordPress haben Sie zwei Möglichkeiten, Inhalte zu publizieren: Beiträge und Seiten (Pages). Doch worin unterscheiden sich die beiden?

Wenn Sie sich die Unterseiten "Neuer Beitrag" und "Neue Seite" genauer ansehen, vor allem die Bereiche unterhalb und neben und unterhalb des Editors, werden Ihnen einige Unterschiede auffallen. Folgende Module sehen Sie, wenn Sie einen Blog-Beitrag verfassen möchten:

- **Veröffentlichen** – Hier können Sie den Status eines Beitrags und seine "Sichtbarkeit" bestimmen (öffentlich evtl. sogar "sticky" (permanent auf der Startseite), passwortgeschützt, privat) oder den Veröffentlichungszeitpunkt festlegen.
- **Formatvorlage** – Hier können Sie eine Vorlage für Ihren Beitrag auswählen. Die verfügbaren Vorlagen sind abhängig von dem Theme, das Sie nutzen.
- **Kategorien** – Den neuen Beitrag können Sie in eine oder mehrere Kategorien einordnen oder eine neue Kategorie erstellen.
- **Schlagwörter** – Hiermit haben Sie die Möglichkeit, den

Blog-Beitrag zu verschlagworten.
- **Artikelbild** – In diesem Modul können sie ein Artikelbild festlegen.
- **Auszug** – Hier können Sie eine Kurzfassung des Beitrags eintragen. Dies ist vor allem für Newsfeeds interessant, denn hiermit wird dort der Beitrag beschrieben. Zudem besteht die Möglichkeit, an bestimmten Stellen (z. B. auf einer Übersichtsseite) die Beiträge auszugsweise darzustellen. Dabei schneidet WordPress einen Beitrag nach 55 Wörtern ab oder nutzt ihre Kurzfassung.
- **Trackbacks senden** – hier kann man Trackbacks senden.
- **Benutzerdefinierte Felder** – Hier können Sie Schlüssel und die passenden Werte dazu definieren, die Sie dann später im Weblog darstellen können. Ein möglicher Schlüssel wäre z. B. "Wetter" und der Wert dazu wäre "Es regnet" oder "Momentan lese ich:" als Schlüssel und "Der Herr der Ringe" als Wert.
- **Diskussion** – Hier bestimmen Sie, ob bei dem jeweiligen Beitrag Kommentare erlaubt sind – unabhängig von den Generaleinstellungen – und ob andere Weblogs auf Ihren Beitrag einen Ping- bzw. Trackback senden dürfen.
- **Kommentare** – Hier werden die Kommentare zum jeweiligen Beitrag aufgelistet – falls welche vorhanden sind.
- **Titelform** – Hier können Sie, unabhängig von Ihren Einstellungen der Permalinkstruktur, den Tag %postname% verändern.
- **Autor** – Sind im Blog mehrere Benutzer registriert, wird hier der Autor des Beitrags angezeigt.
- **Revisionen** - Wurde der Beitrag bereits gespeichert,

4. Seiten erstellen und bearbeiten

werden hier die vorhandenen Versionen aufgelistet.

Folgende Module sehen Sie, wenn Sie eine Seite verfassen möchten:

- **Veröffentlichen** – s. o. (außer "sticky")
- **Attribute** – Dieses Modul enthält die folgenden Einstellungsmöglichkeiten:
    - **Eltern** – Hiermit können Sie die Seiten verschachteln bzw. hierarchisch anordnen indem Sie übergeordnete und untergeordnete Seiten bestimmen.
    - **Template** - Hier können Sie eine Seitenvorlage auswählen.
    - **Reihenfolge** – Hiermit können Sie eine explizite Seiten-Reihenfolge bei der Ausgabe in der Navigation bestimmen, wenn Ihnen z. B. die alphabetische oder chronologische Sortierung nicht zusagt.
- **Artikelbild** – s. o.
- **Benutzerdefinierte Felder** – s. o.
- **Diskussion** – s. o.
- **Kommentare** – s.o.
- **Titelfom** – s. o.
- **Autor** – s. o.
- **Revisionen** – s. o.

Im Gegensatz zu den Artikeln befinden sich die Seiten nicht in dem "Blog-Kreislauf". Dadurch erscheint der Inhalt der Seiten auch nicht im Newsfeed. Die Seiten wurden eingeführt um statische Informationen (Impressum, Kontaktdaten etc.) unterzubringen und erst seit der Version 2.5 sind die Pages auch durch die wordpress-eigene Suchfunktion durchsuchbar.

Das Erstellen der Seiten erfolgt genau wie das Erstellen eines

Artikels, der Editor ist der gleiche.

Sie müssen sich vor der Veröffentlichung einer Seite nur über drei Sachen im Klaren sein:

1. Ist die Seite eine Elternseite oder eine Kind- bzw. Unterseite und falls ja, wer ist die Elternseite?
2. Soll die Seite ein bestimmtes Template zugewiesen bekommen?
3. An welcher Stelle soll die Seite erscheinen? Wo ist ihr Platz in der Reihenfolge?

4.2 Seiten verschachteln

Beim Erstellen einer Seite für die WordPress-Installation muss man immer festlegen, ob es sich um eine Elternseite oder eine Kindseite handelt. Abhängig ist dies von der Struktur, die man erreichen bzw. realisieren möchte.

Ist die erstellte Seite ein Hauptpunkt, dann bleibt sie Elternseite (Kindseiten sind nicht zwingend erforderlich), ist die erstellte Seite die Unterseite einer anderen, so muss man dies im Modul "Attribut" festlegen.

4. Seiten erstellen und bearbeiten

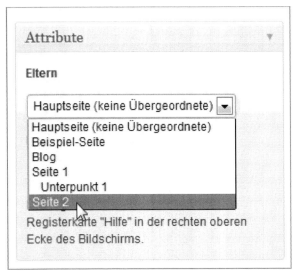

Abbildung: Elternseite festlegen

Auf diese Weise kann man auch komplexe bzw. verschachtelte Seitenstrukturen realisieren.

4.3 Seiten sortieren

In enger Verbindung mit der Struktur einer Seite, die dadurch erreicht wird, dass es Eltern- und Kind- vielleicht sogar Enkelseiten gibt, ist auch die Reihenfolge der Seiten.

Im Idealfall weisen Sie einer Seite schon beim Erstellen den korrekten Platz in der Reihe zu.

Standardmäßig werden die Seiten nämlich alphabetisch sortiert. In den seltensten Fällen entspricht dies aber auch der Reihenfolge, in der sie später auftauchen sollen. Es ist also ratsam einer Seite eine ID zuzuweisen, anhand derer sie sortiert wird.

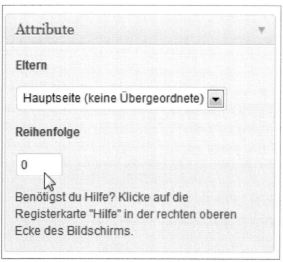

Abbildung: Die Reihenfolge der Seiten festlegen

Standardmäßig bekommen alle erstellen Seiten den Wert Null, welcher auch gleichzeitig der "höchste" Wert in der Rangfolge ist. Wenn Sie also eine individuelle Reihenfolge der Pages wünschen, müssen Sie hier entsprechende Werte eintragen, wobei gilt, je höher die Zahl, umso niedriger ihr Rang.

Tipp: Da es passieren kann, dass Sie neue Unterseiten erstellen, die dann z. B. mitten in der Reihenfolge eingefügt werden sollen, hat sich nach meiner Erfahrung ausgezahlt, die Reihenfolge nicht in Einer-Schritten (0,1,2 etc.) sondern in Zweier- oder sogar Dreier-Schritten (0,3,6 etc.) zu machen. So haben Sie Puffer für zukünftige Unterseiten.

Hinweis: Wenn Sie **Administratoren-Rechte** haben können Sie die Reihenfolge und Verschachtelung der Seiten auch mit Hilfe eines Plugins anpassen[68] oder aber, falls Sie

---

68 www.wpbuch.de/?p=259

> individuelle Menüs nutzen, die Sortierung bei der Erstellung des Menüs vornehmen.

4.4 Einer Seite ein Template zuweisen

Viele Themes, allerdings nicht alle, bieten unterschiedliche Seiten-Templates an, also Vorlagen für Seiten.

So können Seiten unterschiedlich gestaltet sein. Das derzeitige Standard Theme Twenty Fifteen[69] bietet keine verschiedene Seiten-Templates an, das vorangegange Standard Theme Twenty Fourteen[70] verfügt über drei:

Abbildung: Verfügbare Templates des Tenty Fourteen-Themes

So gibt es z. B. Templates, bei denen die Seite dann eine Sidebar anzeigt (Standard) oder aber Templates, bei denen der Inhalt der Seite über die volle Breite geht. Das Template für die Autorenseite des Twenty Fourteen Themes verfügt zeigt alle Autoren mit ihren veröffentlichen Beiträgen.

---

69 https://wordpress.org/themes/twentyfifteen
70

4.5 Quickedit für Seiten

So wie es QuickEdit für Artikel gibt, gibt es diese Funktion bzw. Möglichkeit auch für Seiten. Alle Angaben, die Sie in den Modulen getätigt haben, können hier noch einmal verändert werden.

Abbildung: Mit Quickedit Seiten bearbeiten

5. WordPress anpassen

5.1 Backend anpassen

Grundsätzlich können Sie alle hier vorgestellten Seiten im Backend an Ihre eigenen Bedürfnisse anpassen.

Über den Button "Optionen", der sich im Kopfbereich der Seiten befindet, können Sie einen Bereich aufklappen, der Ihnen die Möglichkeit gibt, Module ein- und ausblenden.

So können Sie nicht benötigte Module dauerhaft ausblenden. Sie können zudem alle Module über einen kleinen Pfeil, der sich in der rechten oberen Ecke befindet, wenn Sie mit der Maus über diesen Bereich eines Moduls fahren, minimieren.

Abbildung: Optionen einblenden

Zusätzlich können Sie alle Module per Drag & Drop (Klicken & Ziehen) frei positionieren. So haben Sie eine weitere Möglichkeit, sich die Oberfläche von WordPress nach Ihren eigenen Bedürfnissen zu gestalten. Sie können auch bestimmen, mit wie vielen Spalten das Layout dargestellt werden soll.

Auf Seiten, die keine Module, sondern tabellarische Übersichten enthalten, z. B. können über die Optionen die einzelnen Spalten der Tabelle ein- bzw. ausgeblendet werden. Zudem können Sie hier bestimmen, wie viele Zeilen dargestellt werden sollen – also wie viele Einträge die dargestellte Liste pro Seite enthalten soll.

Abbildung: Anzahl der Zeilen bzw. Beiträge in der Tabelle festlegen

Manche Seiten stellen Ihnen auch besondere Möglichkeiten zur Verfügung.

> **Hinweis:** Die folgenden zwei Optionen stehen nur Administratoren zur Verfügung bzw. können von diesen aktiviert werden.

Zugänglichkeitsmodus aktivieren

Über das Optionsmenü der Widgetseite kann man das sogenannte Zugänglichkeitsmenü aktivieren bzw. deaktivieren.

Ist das Zugänglichkeitsmenü (engl. Accessibility Mode) aktiviert, erscheint bei jedem Widget der Link "Hinzufügen".

Abbildung: Ein Widget im Zugänglichkeitsmodus hinzufügen

Klickt man diesen an, so öffnet sich ein Bereich, in dem man auswählen kann wo das Widget platziert werden soll, danach öffnet sich das Optionsmenü des platzierten Widgets.

Optionen für Erweiterte Menüeigenschaften

Auf der Seite zur Erstellung von eigenen Menüs finden Sie im Optionsmenü anstatt der Auswahl der Spalten kann man sich hier erweiterte Menüeigenschaften anzeigen lassen.

Somit kann man die Elemente in seinem Menü mit den zusätzlichen Eigenschaften "Linkziel" (soll sich der Link in einem neuen Fenster öffnen), "CSS-Klasse", "Link-Beziehung (XFN)" und eine "Beschreibung" versehen.

Zeige auf dem Bildschirm						
☐ Beiträge	☑ Links	☑ Kategorien	☐ Schlagworte	☐ Formatvorlage	☑ Seiten	
Erweiterte Menüeigenschaften anzeigen						
☐ Linkziel	☐ CSS-Klassen	☐ Link-Beziehungen (XFN)	☐ Beschreibung			

Abbildung: Erweiterte Menüeigenschaften anzeigen und nutzen

Das kann insbesondere dann interessant sein, wenn man z. B. mit Hilfe des Menüs eine Blogroll erstellt[71].

Einen Screencast zu den oben beschriebenen Möglichkeiten finden Sie zudem im Beitrag Bekannte und unbekannte Optionen in WordPress[72].

5.2 Profil anpassen

Zusätzlich zu den oben genannten Möglichkeiten können Sie auch Einstellungen für Ihr Profil machen. Beim entsprechenden Menüpunkt finden Sie die folgenden Bereiche:

Persönliche Optionen

In diesem Bereich können Sie festlegen, ob beim Schreiben von Beiträgen und Seiten auch der Visuelle Editor über einen Reiter erreichbar sein soll, was dem Standard entspricht.

---

71 www.wpbuch.de/?p=790
72 www.wpbuch.de/?p=860

5. WordPress anpassen

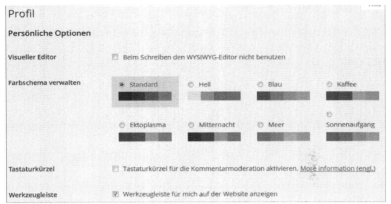

Abbildung: WordPress-Benutzer-Profil

Auch das Farbschema können Sie hier wechseln und Sie können die Möglichkeit über Tastaturkürzel Kommentare zu moderieren aktivieren.

Außerdem können Sie hier die Admin- bzw. Werkzeugleiste, die sich am oberen Rand des Browserfensters befindet, für den Frontendbereich ausblenden.

Welche Optionen Sie hier aktiveren bzw. deaktivieren hängt einzig und allein von Ihren Vorlieben ab. Sie können Sie natürlich auch jeder Zeit wieder ändern.

Name

Hier finden Sie alle Angaben zu Ihren "Namen". Der Benutzername, der bei der Erstellung Ihres Benutzerkontos angegeben wurde kann nicht geändert werden. Sie können aber Ihren Vor- und Nachnamen sowie einen Spitznamen (Pflicht) angeben und jeder Zeit ändern.

Es ist empfehlenswert, dass Ihr Öffentlicher Name nicht mit ihrem Benutzernamen identisch ist. Der Öffentliche Name taucht im Frontend als Autoren-Name bei Beiträgen und Seiten auf, die Sie verfasst haben. Als Öffentlichen Namen können Sie eine Kombination der Angaben wählen, z. B. Vorname und Nachname.

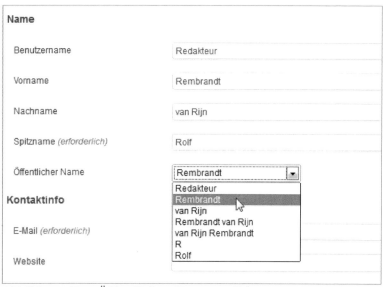

Abbildung: Den Öffentlichen Namen wählen

Kontaktinfo

Die Angaben, die Sie als Kontaktinfo hinterlegen beinhalten Ihre E-Mail-Adresse und eventuell eine Website. Insbesondere Ihre E-Mail-Adresse sollte korrekt sein, da Sie an diese Seite beispielsweise eine E-Mail zugeschickt bekommen wenn Sie ihr Passwort zurücksetzen müssen. Zudem erhalten Sie hier Benachrichtigungen, wenn jemand einen Ihrer Beiträge/Seiten kommentiert hat.

Die Website, die Sie hier angeben kann (je nach genutztem

Theme) mit Ihrem Autoren-Namen im Frontend verknüpft werden.

Über Dich

Auch die Biographischen Angaben können je nach Theme auf einer Autorenseite verwendet werden.

Es ist grundsätzlich ratsam sich vom Administrator bzw. Webmaster der WordPress-Installation erläutern zu lassen wo welche Daten auftauchen.

Zu guter Letzt können Sie hier ein neues Passwort speichern.

Das Ende

Vielen Dank, dass Sie unser Buch gelesen haben. Falls es Ihnen geholfen hat, würden wir uns über eine positive Rezension auf Amazon.de freuen.

Folgende weiterführende Verweise können wir Ihnen empfehlen:

- WordPress für Autoren und Redakteure oder WordPress für Administratoren als druckfähige PDF-Volumenlizenz[73] für Ihre Kunden, Kollegen oder Schulungsteilnehmer.
- 42 WordPress-Tipps[74]: praxiserprobte Tipps aus dem Alltag im Buchformat
- Der Newsfeed[75] unserer Website, auf der wir seit Januar 2004 WordPress-Artikel verfassen und unsere WordPress-Dienstleistungen[76] vorstellen
- Unser kostenloser WordPress-Newsletter[77]

---

73 www.perun.net/wordpress-anleitung-handbuch/#pdf
74 amzn.to/13KZBjv
75 www.perun.net/feed/
76 www.perun.net/wordpress-dienstleistungen/
77 www.wordpress-newsletter.perun.net

Stichwortverzeichnis

Abonnent ... 66, 103
Administrationsleiste ... 27
Administrator ... 67, 103
Akismet ... 96
Allgemeine Einstellungen ... 27
Anti-Spam-Plugin ... 96
Antispam Bee ... 52
Auszug ... 151
Autor ... 66, 103
Avatare ... 35
Backend ... 181
Backup ... 93
Backup erstellen ... 71
BackWPup Free ... 93
Beitrag erstellen ... 105
Beiträge moderieren ... 168
Beitragsbild ... 150
Benutzerdefinierte Felder ... 152
Benutzergruppen ... 103
Benutzerkonto löschen ... 70
Benutzernamen ... 21
Benutzerrechte ändern ... 69
Benutzerverwaltung ... 66
Benutzerverwaltung erweitern ... 92
Bild hinzufügen ... 117
Bilder bearbeiten ... 128
Blogtitel ... 21
Bookmarklet ... 156, 158
Dateien hochladen ... 118
Daten exportieren ... 72
Daten importieren ... 74

Datenschutz... 96
deutsche Sonderzeichen.. 51
deutsche Version... 14
Diskussionseinstellungen... 33
Download... 14
eigenes Menü erstellen.. 54
Einstellungen der Mediathek.. 36
Emojis.. 107
Export... 72
Fehler bei der Installation.. 22
FileZilla.. 16
Formatvorlage.. 146
Frontend.. 26
FTP.. 16
Galerien erstellen... 132
Importfunktion.. 74
Installation... 16
Interne Verlinkung... 114
Jetpack... 99
Kategorien.. 148
Kommentar-Spam.. 96
Kommentare... 153
Kommentare verwalten.. 169
Kommentarmoderation... 34
Konfigurationsdatei bearbeiten... 14
Kontaktformular... 97
Kontaktinfo... 186
Leseeinstellungen.. 32
Limit Login Attempts... 82
Live-Vorschau... 58
Login-Versuche beschränken... 82
Löschen... 143
Massenupdate von Plugins.. 50
Mediathek... 122

Stichwortverzeichnis

Medien einbetten 131
Mitarbeiter 66, 103
Module 137
neuen Benutzer hinzufügen 68
neues Theme installieren 62
oEmbed 131
options.php 41
Passwort 21
Performance optimieren 83
Permalinkeinstellungen 37
Persönliche Optionen 184
Pingback 152
Playlists erstellen 135
Plugins 43
Plugins automatisch installieren 44
Plugins halbautomatisch installieren . 47
Plugins installieren 44
Plugins manuell installieren 48
Plugins updaten 48
Press This 156, 159
Profil anpassen 184
Quickedit 180
QuickEdit 165
Quicktags 95
Rechtemanagement 66
Redakteur 67, 103
Revisionen 144
Schlagwörter 149
Schneller Entwurf 162
Schreibeinstellungen 29
schwarze Liste 35
Seiten sortieren 177
Seiten-Template 179
Seitentitel 21

Sicherheit 91
Spam bekämpfen 52
Tastaturkürzel 112
Text formatieren .... 108f.
Text-Editor 107
Theme automatisch installieren 62
Titelform 154
Trackback 151
Twenty Fifteen 53
Untertitel 28
Update 77
Update-Services 31
Urheberrecht 162
Veröffentlichen 137
Via E-Mail schreiben 31
Visueller Editor 109
Voraussetzungen 13
Widgets 56
WordPress absichern 81
WordPress umziehen 74
WordPress updaten 77
WordPress-Codex 39
wp-config 14
XFN 184
.htaccess-Datei 37

Printed in Germany
by Amazon Distribution
GmbH, Leipzig